MICHAEL JAHN

Hertha BSC

Populäre Irrtümer und andere Wahrheiten

KLARTEXT

BILDNACHWEIS

Privat: S. 4 | Archiv Schurmann: S. 7, 13, 18/19 | Matthias Koch: S. 8/9, 89 | Archiv Jürgen Engler: S. 10/11, 44/45, 73 u., 74/75, 76, 77 o., 86, 93 | Karl-Heinz Granitza, privat: S. 31 | imago images: /Werek: S. 15, 27, 29, 35, 50, 99 u. l.; / Ferdi Hartung: S. 17; / Pressefoto Baumann: S. 21 o., 60; / Camera 4: S. 21 u., 32, 51, 63 o., 68, 77 u.; / Fred Joch: S. 25; /Horstmüller: S. 30, 97 o. r., 97 u. l., 97 u. Mitte, 98 o. Mitte, 98 u. Mitte, 99 o. l., 99 o. r.; /Kicker/Liedel: S. 36, 63 u., 95 l., 99 o. Mitte; / Buzzi: S. 39; /Eisele: S. 40; /Team 2: S. 42; /Höhne: S. 46, 57, 61, 73 o., 98 u. l., 98 u. r.; /Joko: S. 47; /Rust: S. 48, 56, 78 r.; /Contrast: S. 49, 53, 55 groß, 83, 85 l.; /Mary Evans: S. 55 klein, 81 u.; /HJS: S. 65; /Kosecki: S. 66; /osnapix: S. 67; /Olaf Wagner: S. 73 Mitte; /Ronald Grant: S. 78 l.; /Christian Schroedter: S. 79; /Future Image: S. 81 o.; /Bernd König: S. 85 r., 87; /Photosport: S. 90; /PA Images: S. 91; /Kicker/Eisner: S. 94, 99 u. r.; /Andreas Gora: S. 95 r.: /Oliver Behrendt: S. 97 o.l., 97 u. r.; /Metodi Popow: S. 98 o. l

Bibliografische Information der Deutschen Nationalbibliothek
Die Deutsche Nationalbibliothek verzeichnet diese Publikation in der Deutschen Nationalbibliografie; detaillierte bibliografische Daten sind im Internet über http://dnb.dnb.de abrufbar.

IMPRESSUM

1. Auflage Mai 2021
Layout und Satz: Joachim Bartels
Umschlagfotos: imago images: /Werek; /Contrast; /Norbert Schmidt; /Camera 4, /Jan Huebner; firo; Archiv Schurmann
Druck und Bindung: Linsen Druckcenter GmbH, Siemensstr. 12-14, 47533 Kleve

ISBN 978-3-8375-2363-8

KLARTEXT

Jakob Funke Medien Beteiligungs GmbH & Co. KG
Jakob-Funke-Platz 1, 45127 Essen
info.klartext@funkemedien.de
www.klartext-verlag.de

Inhalt

Der Autor

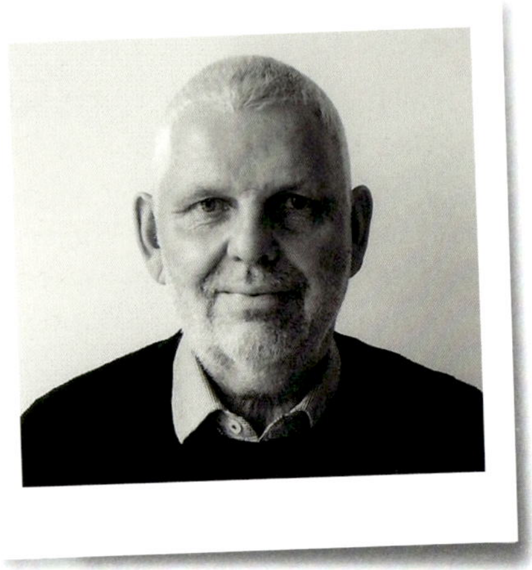

Michael Jahn,
Jahrgang 1952, studierte in Leipzig Journalistik. 30 Jahre war er als Sportredakteur für die Berliner Zeitung tätig, davon 24 Jahre als Hertha-Reporter. Jahn berichtete von zwei Olympischen Winterspielen und zahlreichen Welt- und Europameisterschaften im Fußball, Turnen, Segeln, Skifliegen, Biathlon und Tischtennis. Im Laufe der Jahre hat er sieben Bücher über Hertha BSC geschrieben und ein Buch über Trainer Lucien Favre („Der Bessermacher"). Jahn wollte immer Sportjournalist werden und konnte aus seinem Hobby auch seinen interessanten Beruf machen. Noch heute ist er als freier Mitarbeiter und Kolumnist der Berliner Zeitung am Ball.

Zum Geleit

Ein kleines Zahlenspiel soll deutlich machen, wieviel Zeit und Raum eine „Hertha" in meinem Leben einnahm, ohne das meine Ehefrau deshalb jemals eifersüchtig werden musste: 400 – 56 – 33 – 24.
Als Reporter konnte ich von rund 400 Bundesligaspielen der Hertha berichten, habe die Mannschaft in 56 Europacup-Duellen erlebt und in 33 Trainingslager begleitet. 24 Trainer konnte ich bei ihrer Arbeit beobachten. Dass einem dabei – bei aller Neutralität – viele der Protagonisten ans Herz gewachsen sind, scheint mir normal zu sein.
Ich habe die Mannschaft in Zweitligazeiten vor 3.000 Zuschauern im riesigen Olympiastadion gesehen und später oft vor 75.000 Fans in der ausverkauften Arena. Von Trainer Jürgen Röber, der Hertha einst von der Zweiten Liga bis in die Champions League führte, stammt die Aussage: „Das Olympiastadion ist zweimal großartig und imposant: wenn es total leer oder eben voll ist."
Für mich blieb Hertha lange nur ein großes Versprechen auf eine glänzende Zukunft, eben ein „schlafender Riese", wie Franz Beckenbauer befand. Oder wechselweise eine Skandalnudel, eine graue Maus oder ein künftiger Big-City-Club. Egal, was die Zukunft bringt: Ich habe viele großartige Spieler und Trainer, auch Manager und Präsidenten kennengelernt. Das ist etwas, was für immer bleibt.

Wohnen auf dem Elfmeterpunkt

Es ist schwierig in einer Millionenstadt wie Berlin Orte zu finden, die noch an die glorreichen Zeiten von Hertha BSC in den 1920er und 1930er Jahren erinnern, in denen die Mannschaft um ihren Kapitän Hanne Sobek sechsmal in Serie das Endspiel um die Deutsche Meisterschaft erreichte und 1930 und 1931 den Titel gewann. Bis heute ist keine weitere Meisterschaft hinzugekommen, obwohl sich Fußball-Berlin immer danach sehnt. Das kleine, enge Stadion – liebevoll „Plumpe" genannt – in Gesundbrunnen, wo die Meisterspieler bewundert und bejubelt wurden, ist schon lange aus dem Stadtbild verschwunden. Die „Plumpe" galt lange als der schönste Fußballplatz der Stadt, ehe er 1974 abgerissen wurde. Heute thronen dort graue Betonblöcke mit 440 Wohnungen. Nur vier skurrile Bronzestatuen, die Fußballer darstellen, erinnern an die großen Zeiten. Als der Ur-Herthaner Manfred Sangel, 30 Jahre Chef des Fanradios „Hertha-Echo", einmal beruflich einen der Mieter der Betonblöcke besuchte und fragte, ob er denn überhaupt wisse, auf welch traditionsreichem Boden er lebt, antwortete der schlagfertig: „Na klar, ich schlafe praktisch mit dem Kopf auf dem Elfmeterpunkt!"

Hertha BSC hat eine lange und schillernde Geschichte und sich in 128 Jahren als Verein immer wieder rasant verändert, so wie die gesamte Stadt Berlin mit ihren vielen Wunden, Brüchen und Freudenfesten: Zweiter Weltkrieg, die Teilung der Stadt 1961 und die glückliche Wiedervereinigung 1989, die nicht reibungslos gelang.

Dabei hat die Hertha einige Alleinstellungsmerkmale im deutschen Profifußball aufzuweisen. Der Verein ist im Jahr 1892 nach einem Ausflugsschiff benannt worden, das noch heute existiert und gerade mit viel Aufwand wieder fahrtüchtig gemacht wird. 1965 war Hertha der erste Verein, der per Zwangsabstieg aus der Bundesliga flog, worauf man nicht stolz ist. Mit dem Bau der Mauer verlor Hertha 1961 zahlreiche Anhänger aus dem Osten der Stadt, die man nach 1989 mühsam zurückerobern musste. Auch das gab es nur in Berlin. Aber die Klub-Biografie ist auch durchaus charmant und amüsant. Wie die folgende Lektüre beweist.

Blick auf die „Plumpe"

Aha

Dorothea für Klugscheißer?

Warum heißt die Hertha eigentlich Hertha? Komische Frage, wird mancher Zeitgenosse nun denken, aber sie ist berechtigt. Die Antwort findet man im Jahr 1892. Das ist unglaublich lange her, auch deshalb nennt man den Verein aus der Hauptstadt auch gern die „Alte Dame“, was man in diesem Fall ruhig als Kompliment werten kann. Was wir wissen: Der Gründungstag des Vereins soll laut alter Wetteraufzeichnungen ein wunderschöner Sommertag gewesen sein mit blauem, wolkenlosem Himmel. Irgendwo zwischen den Stadtbezirken Wedding und Prenzlauer Berg – der genaue Ort wird hier später geklärt – trafen sich am 25. Juli 1892 die fußballverrückten Brüder Fritz und Max Lindner sowie Otto und Willi Lorenz. Sie beschlossen, einen Fußballverein zu gründen. Fritz Lindner war es, der den Namen „Hertha“ vorschlug. Ein Dampfer, auf dem er mit seinem Vater einen schönen Ausflug unternommen hatte, trug diesen Namen. Alle waren einverstanden.
Der Dampfer, der schon 1886 in Stettin gebaut worden war, ging am 17. April 1886 auf Probefahrt. An diesem Tag feierte die Tochter des Reeders namens Zwerner ihren 12. Geburtstag. Sie hieß Hertha. Das Schiff wurde nach der Reeders-Tochter genannt. Ganz klar. Das Quartett der Vereinsgründer hatte Glück mit diesem Namen, denn die Hertha besaß Schwesterschiffe. Die hießen „Concordia“ und „Dorothea“.

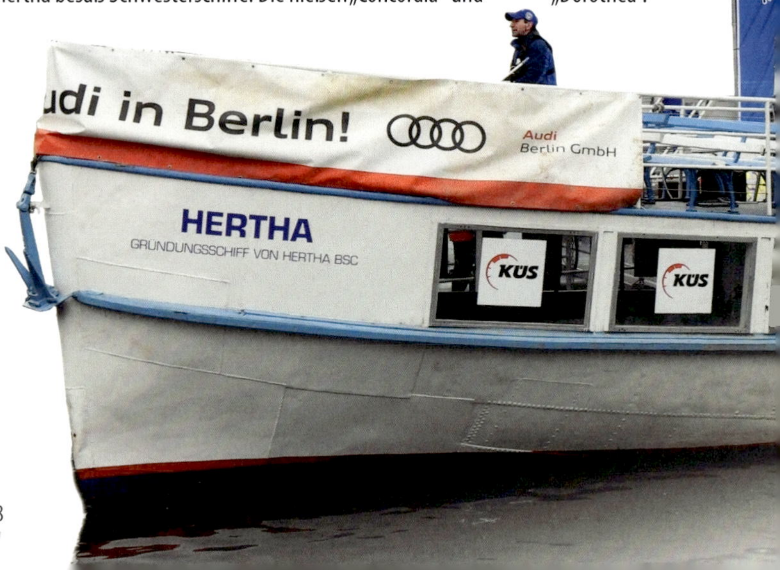

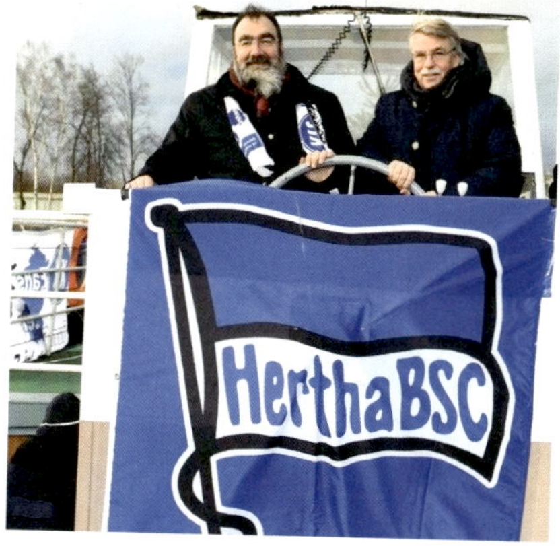

Die beiden Schiffs-Besitzer Ingmar Pering (l.) und Christian Wolter, langjährige Hertha-Funktionäre

Was wäre passiert, wenn Fritz Lindner mit seinem Vater eines dieser Schiffe bestiegen und bei Kaffee und Kuchen den Ausblick genossen hätte? Dann würde der vorliegende Band bestimmt „Concordia für Klugscheißer" oder eben „Dorothea für Klugscheißer heißen"!
Nicht sehr schön, oder?
Später stritten sich Fans und Historiker lange, wo genau die Brüderpaare den Verein gegründet haben. Lange hieß es, es sei in der Stralsunder Straße im Wedding gewesen, andere behaupteten, der Vinetaplatz war der Schauplatz der Gründung. Vorschlag Nummer drei war der idyllisch gelegene Arkonaplatz, der zum Stadtbezirk Mitte gehört. Erst als der Autor dieses Bandes Margot Bader, die Enkelin von Otto Lorenz, einem der Vereinsgründer, im Jahr 2005 aufsuchte, wurde der Ortsstreit beigelegt. Frau Bader versicherte glaubhaft, dass ihr Opa gesagt hatte: Er und seine drei Kameraden haben den Verein auf dem Arkonaplatz gegründet. Ein Hinweis auf diese historische Tat fehlt leider bis heute irgendwo auf diesem schön gelegenen Platz.

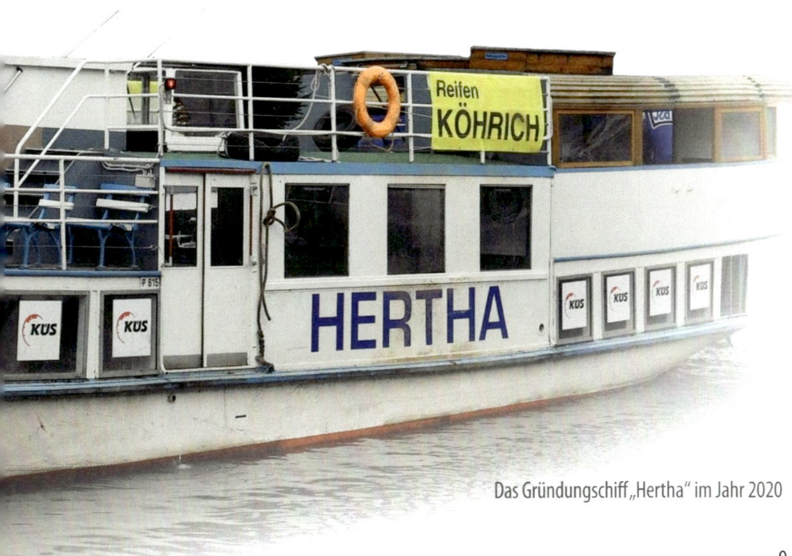

Das Gründungschiff „Hertha" im Jahr 2020

Jubel auf dem Zauberberg

Welchem Fußballstadion wurde schon ein Denkmal gesetzt? Berlin und Hertha können dieses Alleinstellungsmerkmal aufweisen – mit dem „Stadion am Gesundbrunnen", salopp nur die „Plumpe" genannt. Plumpe deshalb, weil es eine 1880 versiegte mineralhaltige Heilquelle im benachbarten Luisenbad in Gesundbrunnen gab. Das berühmte Stadion wurde 1974 abgerissen, und die Erinnerungen an den einst schönsten Fußballplatz Berlins leben vor allem in den Köpfen derjenigen älteren Fans, die einst noch in die Arena strömten. Aber ein kleines Denkmal gibt es doch. Das schuf 1978 der Steinbildhauer Michael Schoenholz. Seine Figuren aus Bronze sind allerdings eigenwillige Schöpfungen, die nicht jedem Betrachter auf den ersten Blick an Fußball oder die „Plumpe" erinnern. Die Plastiken stehen auf Sockeln vor den Wohnblöcken der Behmstraße und vor der Bellermannstraße in Gesundbrunnen – genau dort, wo sich einst das Stadion befand. Sie zeigen vier Spieler – einer schießt, einer rennt, einer kniet und einer fällt. Weiter entfernt gibt es noch eine fünfte Skulptur. Auf einer Säule thront ein zerfetzter Fußball. Der soll

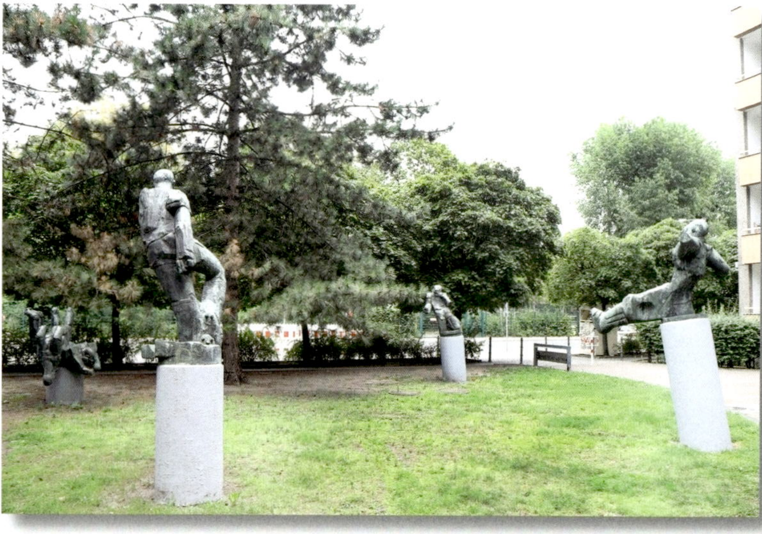

die innere Zerrissenheit des damaligen Hertha-Präsidenten Heinz Warneke und der Mitglieder des Vereins zeigen, als die „Plumpe" 1974 wegen großer finanzieller Not verkauft werden musste. Eine Münchner Wohnungsbaugesellschaft erwarb das Gelände für 6,2 Millionen Mark, riss das Stadion ab und errichtete 440 Wohnungen. Ein kurzer Blick zurück. Am 9. Januar 1924 stieg im engen Areal das erste Spiel zwischen Hertha und dem VfB Pankow, dass die Gastgeber mit 1:0 gewannen. 1926/27 entstanden die beiden berühmten Hintertor-Tribünen mit ihren trapezförmigen Zuschauerflächen. Sie wurden Uhrenberg (weil dort eine große Uhr installiert war) und Zauberberg genannt. Der Name Zauberberg für die westlich gelegene Tribüne ist sicher vom Thomas-Mann-Roman inspiriert worden. Der Zauberberg war beliebt bei den Zuschauern, weil dort die meisten Tore fielen. Die Fans konnten den Rasen riechen, die Schreie und den Atem der Spieler hören. Fakt ist, dass der sportliche Aufstieg der Hertha ohne die „Plumpe" kaum möglich gewesen wäre.
Die Atmosphäre im Stadion beschrieb einmal trefflich ein Bericht in den Hertha-Nachrichten von 1928: „Im Fußballstadion an der Plumpe, zu dessen unmittelbarem Einzugsgebiet die Arbeiterquartiere des Nordens gehörten, konnten die Gefühle für eine kurze Zeitspanne entfesselt werden. Hier durfte der Gegner oder Konkurrent bekämpft, gehasst, ausgebuht werden, und alle Phasen des Kampfes lagen sinnfällig offen vor Spielern und Zuschauer ..."

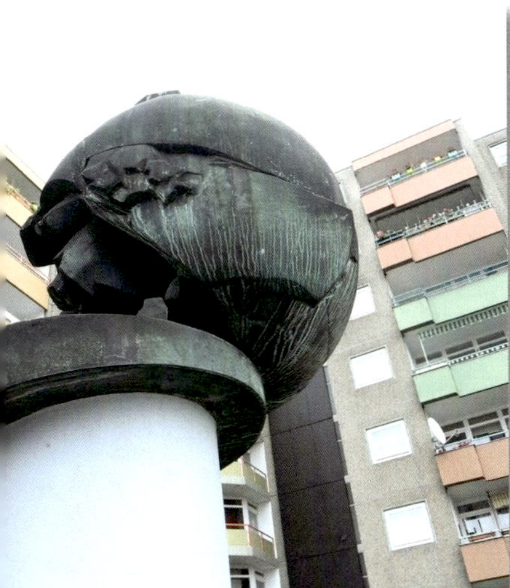

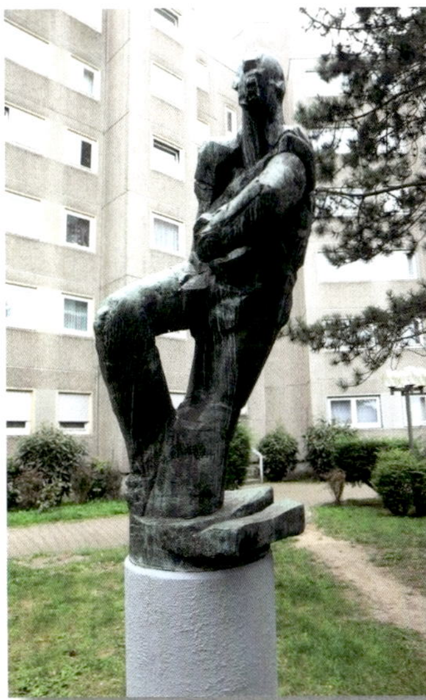

Aha

Der falsche Hanne Sobek

Hertha BSC, das ist nach 128 Jahren Geschichte ganz klar, hat viele Persönlichkeiten hervorgebracht. Die interessantesten und prägendsten Spieler oder Trainer aufzuzählen, würde den Rahmen dieses Bandes ganz schnell sprengen. Einige Spieler – es sind vielleicht zwei Dutzend – haben es jeweils in ihrer Blütezeit zu Publikumslieblingen gebracht, etwa Hanne Sobek, Helmut Faeder, Erich Beer, Theo Gries, Gabor Kiraly, Pál Dárdai, Axel Kruse, Eyjölfur Sverrisson, Marcelinho, Marko Pantelic, Andreas „Zecke" Neuendorf oder Ronny gehören in diese natürlich unvollständige Reihe. Sie alle konnte man tatsächlich als Stars im besten Sinne bezeichnen.
Der erste ganze große Star bei Hertha war geboren, als dieser Begriff gerade von Amerika nach Europa schwappte und vor allem Filmschaffende beschrieb, im Alltag aber noch keine große Verwendung fand. Es handelt sich um Hanne Sobek, zehnmaliger Nationalspieler und Kapitän der Hertha bei den in den Jahren 1930 und 1931 errungenen Meisterschaften. Der Held der 1920er und 1930er Jahre, ein torgefährlicher Halbstürmer und Regisseur, zeigte sich viele Jahre in körperlicher und geistiger Höchstform. Sobek faszinierte die Massen und wurde selbst zum Filmstar, verkehrte an den Stammtischen der Berliner Prominenz. Und blieb immer bodenständig.
Kurios und bezeichnend für Hertha BSC aber ist der Einstieg von Sobek beim Verein. Passend zu Hertha, die sich oft diverser Tricks und Kniffe bediente, um gut dazustehen, verhielt sich auch Sobek. 1925 wechselte er von Alemannia 90 an die Plumpe zu Hertha. Der Verein wollte ihn unbedingt sofort einsetzen, aber Sobek besaß Mitte Juni 1925 noch keine Spielberechtigung. Hertha aber setzte ihn trotzdem mit seinem Einverständnis am 27. Juni bei dem 8:0-Sieg im Testspiel bei Preußen Eberswalde nahe Berlin ein. Sobek firmierte unter falschem Namen als Erich Poppe, einem Stammspieler der Hertha. Doch Sobek war so bekannt, dass der Schwindel aufflog. Der Berliner Fußballverband bekam Wind von der Geschichte und Hertha musste die Einnahmen aus diesem Spiel an den Verband abführen.
Nur einen Tag später stand Sobek dann zum ersten Mal offiziell in einer Hertha-Mannschaft. Beim 11:1-Erfolg gegen eine Auswahl von Niederfinow stürmten Sobek und Poppe gemeinsam. Hanne Sobek schoss dabei acht Tore.
Als Sobek 1944 seine Laufbahn beendete, hatte er in 203 offiziellen Pflichtspielen für Hertha 163 Tore geschossen. Er bleibt für immer Herthas erster ganz großer Star. Eine Legende.

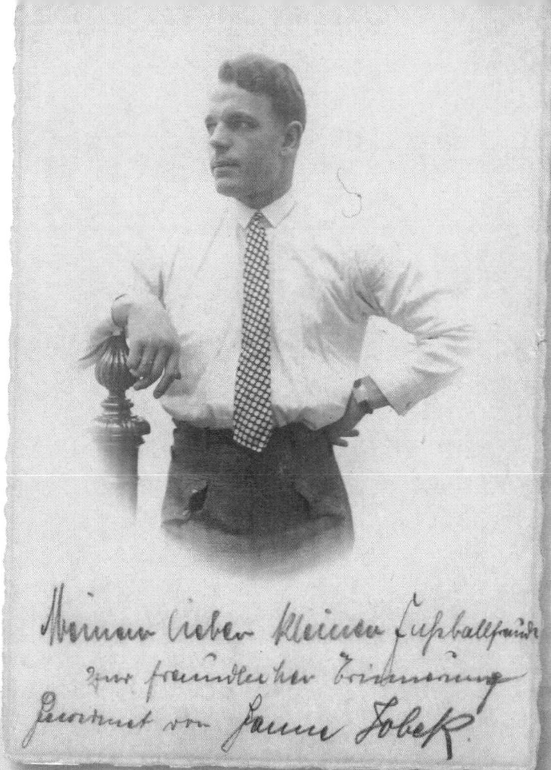

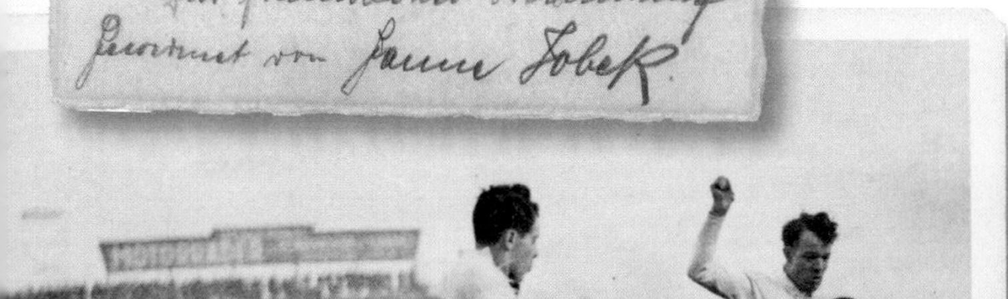

Elegant: Hanne Sobek (r.) in Aktion

Wer hat´s erfunden?

Ob der Begriff „Innovation“, also Erneuerung, bereits in den 1920er Jahren im allgemeinen Sprachgebrauch Verwendung fand? Ab und an schon, aber weniger im Fußballgetriebe. Hertha BSC aber erwies sich im Laufe der Vereinsgeschichte immer wieder als innovativ. Das kann ohne Übertreibung behauptet werden.
Es begann bereits Mitte der 1920er Jahre, als die beiden Abwehrspieler Max Fischer und Emil Domscheidt ihren Erfindergeist zeigten. Beide Herthaner, die bis 1929 zur Goldenen Generation gehörten, verstanden sich auf dem Rasen beinahe blind. 1925 wurde durch den Weltverband FIFA die Abseitsregel geändert. Waren es bislang drei gegnerische Spieler gewesen, die zwischen dem Tor und dem Angreifer stehen mussten, waren es nun nur noch deren zwei. Fischer und Domscheidt nutzen das clever aus. Auf ein geheimes Kommando traten sie wenige Schritte in Richtung gegnerische Hälfte und stellten so bei der Ballabgabe oft den gegnerischen Stürmer ins Abseits. Sie gelten als die Erfinder der Abseitsfalle.
Wir springen ins Jahr 1968, als Hertha-Trainer Helmut „Fiffi“ Kronsbein das berühmte Rotationsprinzip in der Bundesliga einführte. Und das ausgerechnet bei den Torhütern. Die Nummer eins, Volkmar Groß, hatte sich verletzt und Hertha holte den österreichischen Nationalkeeper Gernot Fraydl nach Berlin. Da sich beide Torhüter später als gleichwertig erwiesen, ließ der Trainer alle zwei Spiele rotieren. Eine gewagte Geschichte, die aber gut funktionierte. Kronsbein trieb es bei einer 1:2-Niederlage beim MSV Duisburg am 19. Spieltag 1968/69 auf die Spitze – er tauschte die Schlussmänner in der Halbzeit aus! Lange blieb der Konkurrenzkampf friedlich, als aber Fraydl in der folgenden Spielzeit immer weniger Einsätze bekam, verließ er Berlin.

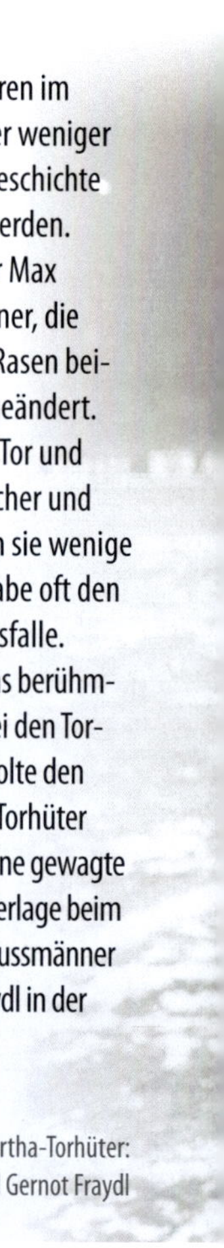

Rotierende Hertha-Torhüter:
Volkmar Groß (l.) und Gernot Fraydl

Wieder sei ein zeitlicher Sprung erlaubt – ins Jahr 1998. Da zeigte sich Manager Dieter Hoeneß erfinderisch und stellte in Dr. Gerd Driehorst als erster Verein in der Bundesliga einen Mentalcoach ein. Dessen Aufgabe: zusätzliche Prozente der Leistungsfähigkeit der Profis herauskitzeln. Driehorst wirkte lange im Verborgenen, Spieler, die intensiv mit ihm arbeiteten, wollten damit nicht an die Öffentlichkeit gehen. Das konnte seinerzeit noch als Schwäche ausgelegt werden. Trainer Jürgen Röber war offen für die psychologische Arbeit von Driehorst. 2004 aber endete dessen Engagement. Trainer Huub Stevens hielt nicht viel von einem Mentalcoach. Driehorst berät längst Führungskräfte aus Politik und Wirtschaft und das Gros der Fußballklubs beschäftigt einen Mentalcoach. Hertha BSC aber seit Jahren nicht mehr.

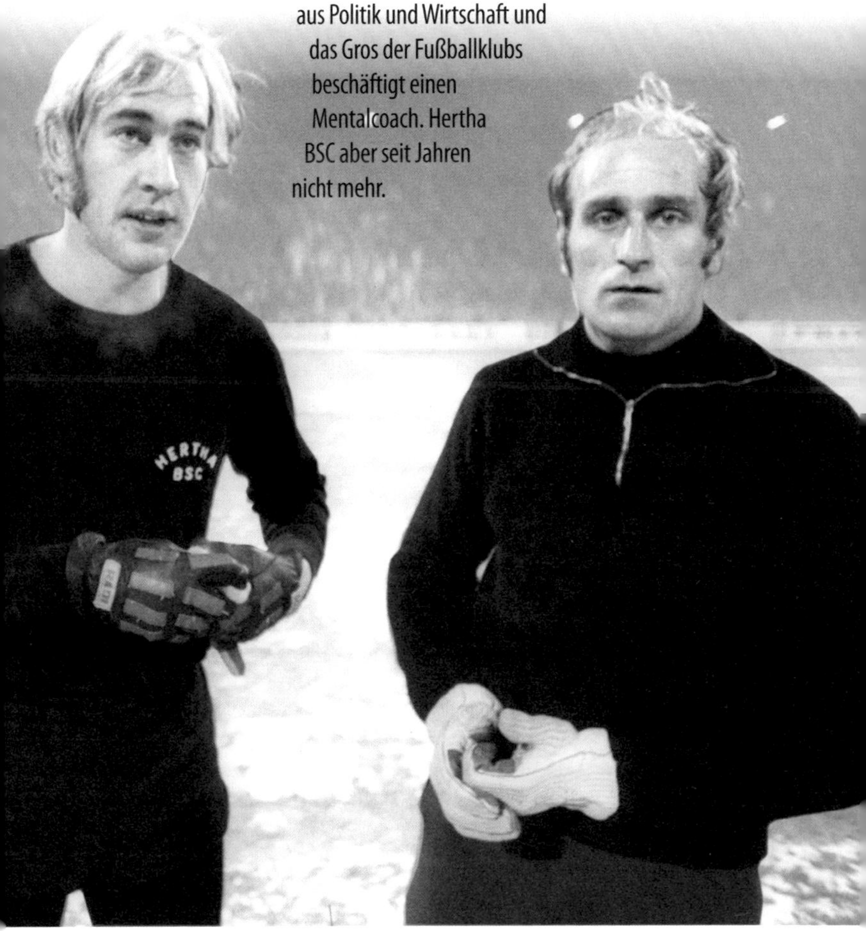

Aha! Extra

Keine Chance für die Garnelen

Beinahe jeder Fußballfan hat schon einmal vom grandiosen Sieg der Ungarn 1953 in England gehört oder gelesen. Am 15. November 1953 empfingen die stolzen Engländer, bis dato auf ihrer Insel ungeschlagen, die Nationalmannschaft der Ungarn, die damals seit drei Jahren ungeschlagen war. 105.000 Zuschauer drängten sich an jenem Mittwoch im Londoner Wembleystadion und trauten ihren Augen nicht. Ungarn siegte mit 6:3, demütigte die Engländer. Ungarn bezwang als erste Mannschaft vom kontinentalen Europa die Engländer auf deren Insel!
Was das mit Hertha BSC zu tun hat? Ganz klar, auch Hertha hat etwas Historisches in Sachen England zu bieten, was aber in Vergessenheit geraten ist. Statt 105.000 Fans wie in Wembley sahen das Ereignis lediglich 1.213 Zuschauer auf dem Schebera-Sportplatz im Berliner Wedding. Am 4. Mai 1910 empfing Hertha in einem Freundschaftsspiel die englische Mannschaft von Southend United, die aus Halbprofis bestand. Nach einem 0:1-Rückstand siegte Hertha mit 3:1. Es war der erste Erfolg einer Mannschaft aus dem kontinentalen Europa gegen ein englisches Team!
Heute spielt Southend United in der Football-League Two, also der vierten Liga in England. Das Team stammt aus Prittlewell/Southend-on-See und wird „The Shrimpers“ (die Garnelen) genannt.

SOUTHEND UNITED

Aha

Im Schatten der Pyramiden

Der Halbstürmer Helmut Faeder war in den 1950er und 1960er Jahren derjenige Hertha-Spieler, den man ruhigen Gewissens schon als „Star" bezeichnen konnte. Faeder, ein wuchtiger Kerl, vereinte die Qualitäten eines Regisseurs mit denen eines Torjägers. Das blieb auch Bundestrainer Sepp Herberger nicht verborgen. Der berief den Herthaner im Dezember 1958 in die Nationalmannschaft, die über Weihnachten und Silvester zu einer Länderspielreise nach Ägypten aufbrach. Zwei Duelle waren geplant. Das erste Länderspiel, so erinnerte sich Faeder einst, war als Test- oder Freundschaftsspiel geplant, das zweite als offizielles Länderspiel. Helmut Faeder kam in beiden Begegnungen zum Einsatz. Im ersten, mit 1:2 verlorenen Duell stürmte er zusammen mit den beiden Weltmeistern von 1954, Helmut Rahn und Max Morlock. Im zweiten Spiel gewann Deutschland dann mit 2:1. Aber die Ägypter drehten plötzlich und unerwartet das Ganze um und werteten ihren Sieg als offizielles Länderspiel. Dies bescherte Faeder eine negative Länderspielbilanz, weil er danach kein weiteres Spiel für Deutschland bestritt. Das hat ihn stets mächtig geärgert. Deutschland aber bestritt seit der 1:2-Niederlage am 28. Dezember 1958 kein Länderspiel mehr gegen Ägypten.

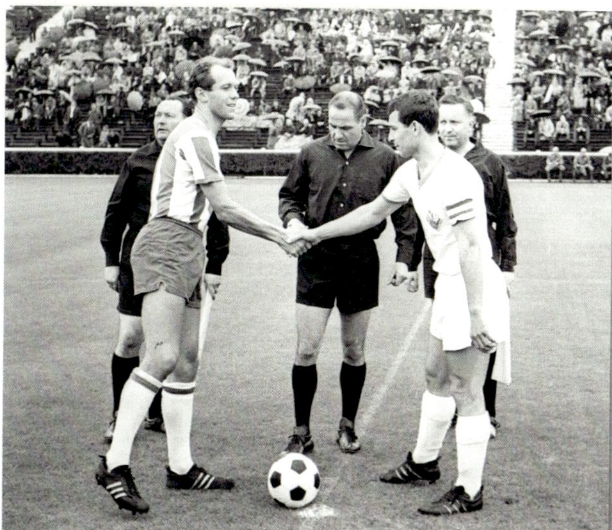

Helmut Faeder (l.) im Spiel gegen FK Pirmasens

Mannschaftsfoto 1963

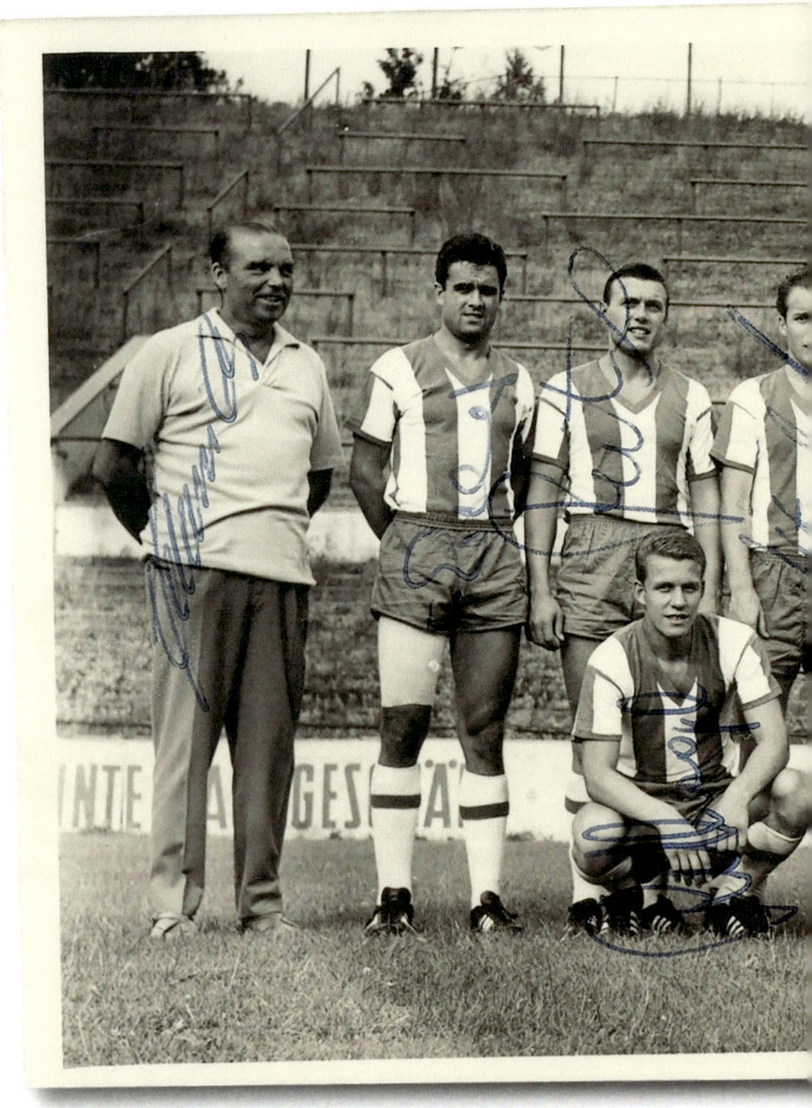

Mit dieser Mannschaft ging Hertha BSC in die erste Bundesligasaison – hinten v. l.: Trainer Jupp Schneider, Hans Eder, Carl-Heinz Rühl, Hans-Joachim Altendorff, Helmut Faeder, Harald Beyer, Lutz Steinert, Uwe Klimasche

Aha

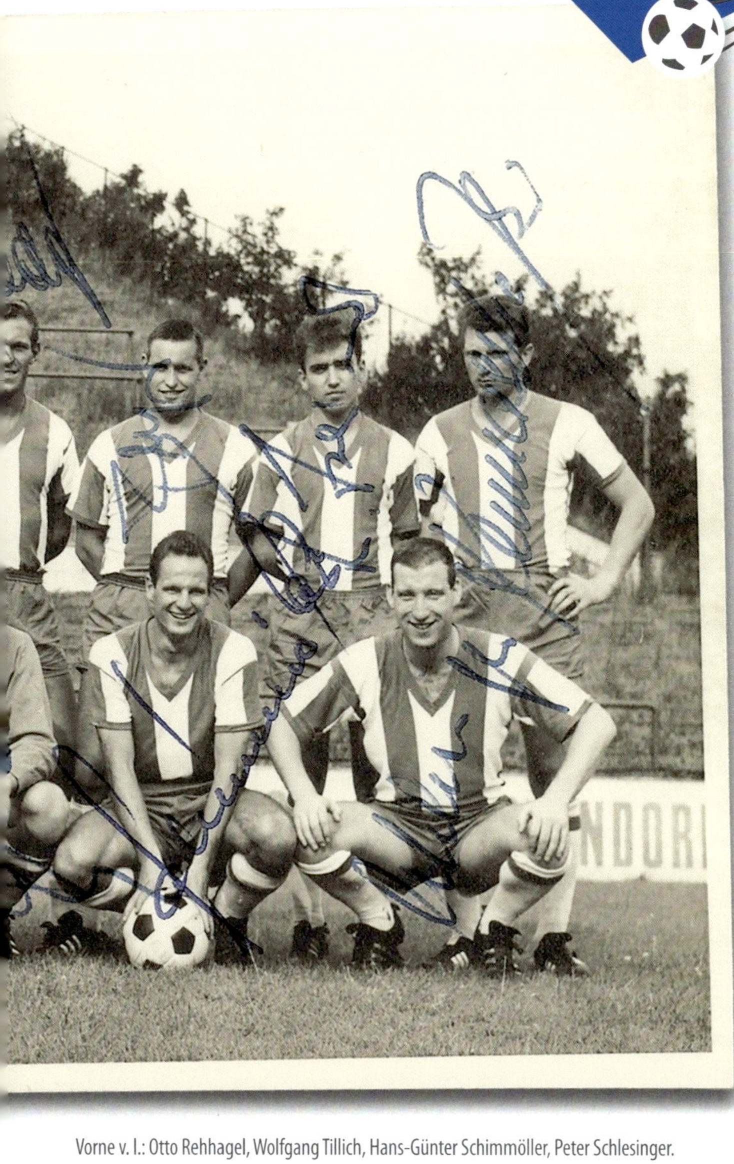

Vorne v. l.: Otto Rehhagel, Wolfgang Tillich, Hans-Günter Schimmöller, Peter Schlesinger. Aufgenommen wurde das Foto auf dem Rasen der Plumpe.

Aha! Extra

Thailand und die ganze Welt

Fußball und Thailand? Das war Ende der 1970er Jahre in der Bundesliga eher ein Buch mit sieben Siegeln. Das Interesse tendierte gen Null.

Nicht so bei Hertha BSC! Der ehemalige Trainer von Tennis Borussia, Fritz Schollmeyer, hatte Hertha auf den Thailänder Vithaya Laohakul aufmerksam gemacht. Der war 1978/79 zum „Fußballer des Jahres" in seiner Heimat gewählt worden.

Hertha ging das Wagnis ein und lud Laohakul, damals 25 Jahre alt, nach Berlin ein.

Er wurde zuerst bei den Amateuren eingesetzt. Am Ball zeigte er enorme Fertigkeiten. Wolfgang Holst, im November 1979 zum Präsidenten gewählt, gab Laohakul im Dezember einen Lizenzspielervertrag. Im Bundesliga-Duell am 8. Dezember 1979 wechselte ihn Trainer Hans Eder beim 3:0-Sieg gegen Fortuna Düsseldorf nach 70 Minuten für Michael Sziedat ein. Eine im Nachhinein durchaus „historische Tat". Denn Laohakul wurde damit zum ersten thailändischen Spieler in der Geschichte der Bundesliga.

Er kam auf drei Erstligaspiele und 31 Zweitligaeinsätze bei der Hertha, ehe er, den die Boulevardpresse „Thai Bum" nannte, 1981/82 zum 1. FC Saarbrücken in die Oberliga Südwest wechselte. Später absolvierte er 61 Länderspiele für Thailand und ist noch immer in der Fußball-Branche tätig.

Ausländische Spieler aber holte Hertha schon viel früher nach Berlin. Vorreiter spielten 1966/67 die beiden Jugoslawen Ivica Šangulin und Pavle Kiš: Die waren nach Berlin gekommen, als Hertha nach dem Zwangsabstieg in der Regionalliga antreten musste. Nur Šangulin schaffte es von den beiden Spielern in die Beletage und stand 1968/69 nach dem Wiederaufstieg im Hertha-Team in der Ersten Bundesliga. Auch der österreichische Torwart Gernot Fraydl kam 1968/69 zu Hertha. 1967/68 gehörte zudem der Nigerianer Jonny Egbuono zum Regionalliga-Team der Hertha (vier Einsätze).

Ausländische Spieler galten seinerzeit oft noch als Exoten. Wie sich doch die Zeiten änderten. Bis zur Saison 2020/21 spielten Profis aus 55 Ländern bei Hertha in der Bundesliga. Platz eins hält Brasilien mit 16 Akteuren. In die Vorreiterrolle schlüpfte Stürmer Alex Alves, der im Winter 2000 nach Berlin kam. Alves spielt noch in anderen Kapiteln in diesem Band eine wichtige Rolle.

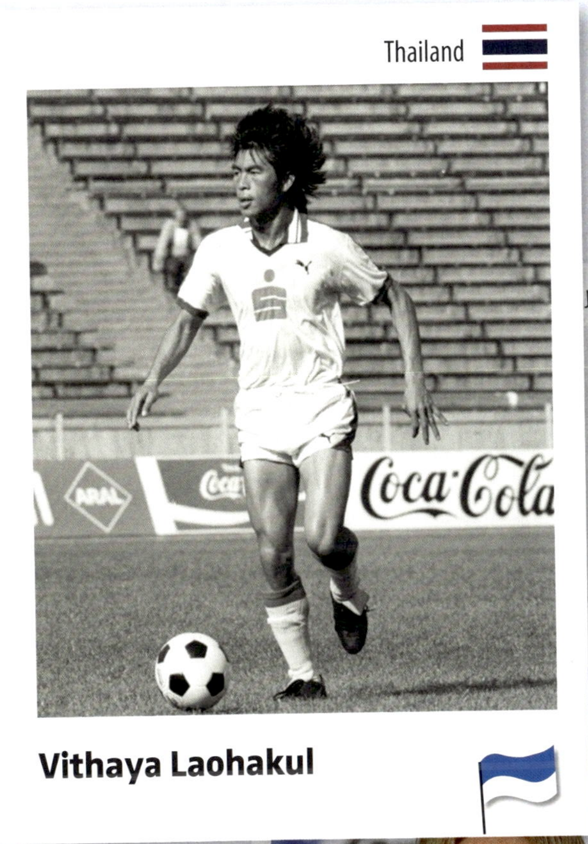

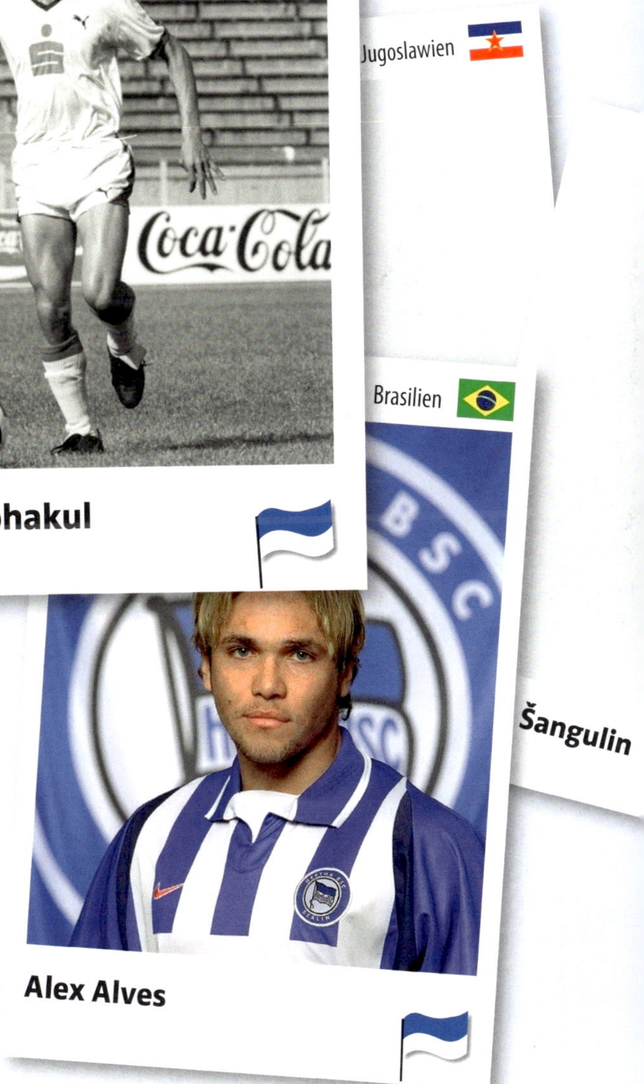

Withaya Laohakul, der erste Spieler aus Thailand in der Bundesliga

Alex Alves, der erste Brasilianer bei Hertha

Zahlen & Fakten

Die beiden größten Triumphe, als die Mannschaft von Hertha BSC um den legendären Kapitän Hanne Sobek die Deutsche Meisterschaft gewann, liegen so weit zurück, dass es kaum noch Zeitzeugen gibt: 1930 und 1931. Deshalb ist die Sehnsucht nach Titeln in Berlin besonders groß.
Es reichte in der nun schon 128 Jahre währenden turbulenten Geschichte von Hertha bislang nur zu kleinen Titelchen, oft scheiterte man in den Endspielen um Meisterschaft oder Pokal.

Die komplette Ehrentafel
2 x Deutscher Meister (1930, 1931)
5 x Deutscher Vizemeister (1926, 1927, 1928, 1929, 1975)
3 x Meister der Zweiten Bundesliga (1990, 2011, 2013)
12 x Berlin-Brandenburgischer Meister (1906, 1915, 1917, 1918, 1925, 1926, 1927, 1928, 1929, 1930, 1931, 1933
3 x Gaumeister Berlin-Brandenburg (1935, 1937, 1944)
8 x Berliner Meister (1957, 1961, 1963, 1966, 1967, 1968, 1987, 1988)
12 x Berliner Pokalsieger (1924, 1928, 1929, 1932, 1959, 1960, 1966, 1967, 1976 (Amateure), 1987, 1992 (Amateure), 2004 (Amateure)
3 x DFB-Pokalfinalist (1977, 1979, 1993 (Amateure)
2 x DFB-Ligapokal-Sieger (2001, 2002)
1 x UEFA-Pokal-Halbfinale (1979)
1 x UEFA Champions-League (Zwischenrunde 1999/2000)

Im eher dürftig bestückten Trophäenschrank befinden sich noch weitere, nicht so bedeutende Pokale. Sie wurden meist während der sommerlichen Trainingslager bei verschiedenen Turnieren gewonnen. Die wichtigsten Trophäen dieser besonderen Art, die meist nur noch Fans bekannt sind, die als Augenzeugen vor Ort waren, sind:
Schwarzwald-Cup (1997/Freudenstadt)
ExNorm-Cup (1998/Heidenheim)
Bodensee-Cup (1998/Dornbirn)
Intertops-Cup (2000/Zell am See)
Alpen-Cup (2004/Rosenheim)

Der Trophäenschrank von Hertha BSC

Deutscher Meister 2x	Vizemeister 5x	Meister 2. Bundesliga 3x
Berliner Meister 8x	Vize-Pokalsieger 3x	Berliner Pokalsieger 12x
Ligapokal-Sieger 2x	Halbfinale UEFA-Cup 1x	Champions-League (Zwischenrunde) 1x

Hüpfende Frösche

Eine Preisfrage, die eigentlich leicht zu beantworten ist: Wie nennt man die Anhänger von Hertha BSC? Zebras, Frösche oder Adler?
Die überwiegende Mehrheit der Befragten würde auch im Jahr 2021 die Antwort B ankreuzen. Das ist nicht falsch, obwohl die so genannten Hertha-Frösche, eine einst berühmt-berüchtigte Gruppe, schon lange nicht mehr existiert. Darüber ist der Bundesligist natürlich froh.
Dennoch: Das Klischee Hertha-Fan = Hertha-Frosch hält sich hartnäckig. Wahrscheinlich hat diese lockere Gruppierung der Berliner Anhängerschaft in den 1960er, 70er und auch 80er Jahren so starke Eindrücke hinterlassen, dass der Begriff noch immer im kollektiven Gedächtnis vorhanden ist. Gründer und langjähriger Anführer war der in der Liga überall bekannte Fanartikel-Händler Peter „Pepe" Mager (1939–2019). Den rustikalen Kerl mit der Berliner Schnauze erkor die Bild-Zeitung einst zu „Pepe, den Oberfrosch". Ihren kuriosen Namen verdanken die Fans dem ehemaligen Sportjournalisten Lutz Rosenzweig von der Berliner „Fußball-Woche". Bei einem Spiel im Februar 1970 im Olympiastadion gegen Rot-Weiß Essen waren die Fans unentwegt 90 Minuten wegen der Kälte (Pepe Mager: „Es waren mindestens 10 Grad minus") auf den Tribünen auf und ab gehüpft – eben wie Frösche.
Später fuhren die Frösche aus dem eingemauerten Westberlin oft mit Interzonenzügen ins Bundesgebiet und fielen durch Gewaltbereitschaft und Hang zu rechtsradikalem Gedankengut auf. Schlägereien waren an der Tagesordnung. Sie trugen meist längsgestreifte blau-weiße Hosen und Jerseys. Diese Fans saßen immer in der Höhe des Hertha-Tores, zogen in der Halbzeitpause um. „Pepe" Mager beschrieb die Anhängerschaft einmal verharmlosend so: „Es waren Knallköppe, Besoffene und echte Fußballfans." Zu besten Zeiten begleiteten 2000 Frösche ihre Mannschaft zu den Auswärtsspielen. Heute heißen Fanklubs der Hertha etwa „Käpt'n Blaubär", „Berliner Bären", HFC Nordfass, FC Nebeltopf oder Blau-Weiß Andalucia. Im Olympiastadion geben die „Harlekins Berlin 98" den Ton an. Bei 74.000 Sitzschalen ist Hüpfen wie die Frösche aber kaum noch möglich.

Oberfrosch „Pepe" Mager, einst bekannter Fanartikelhändler

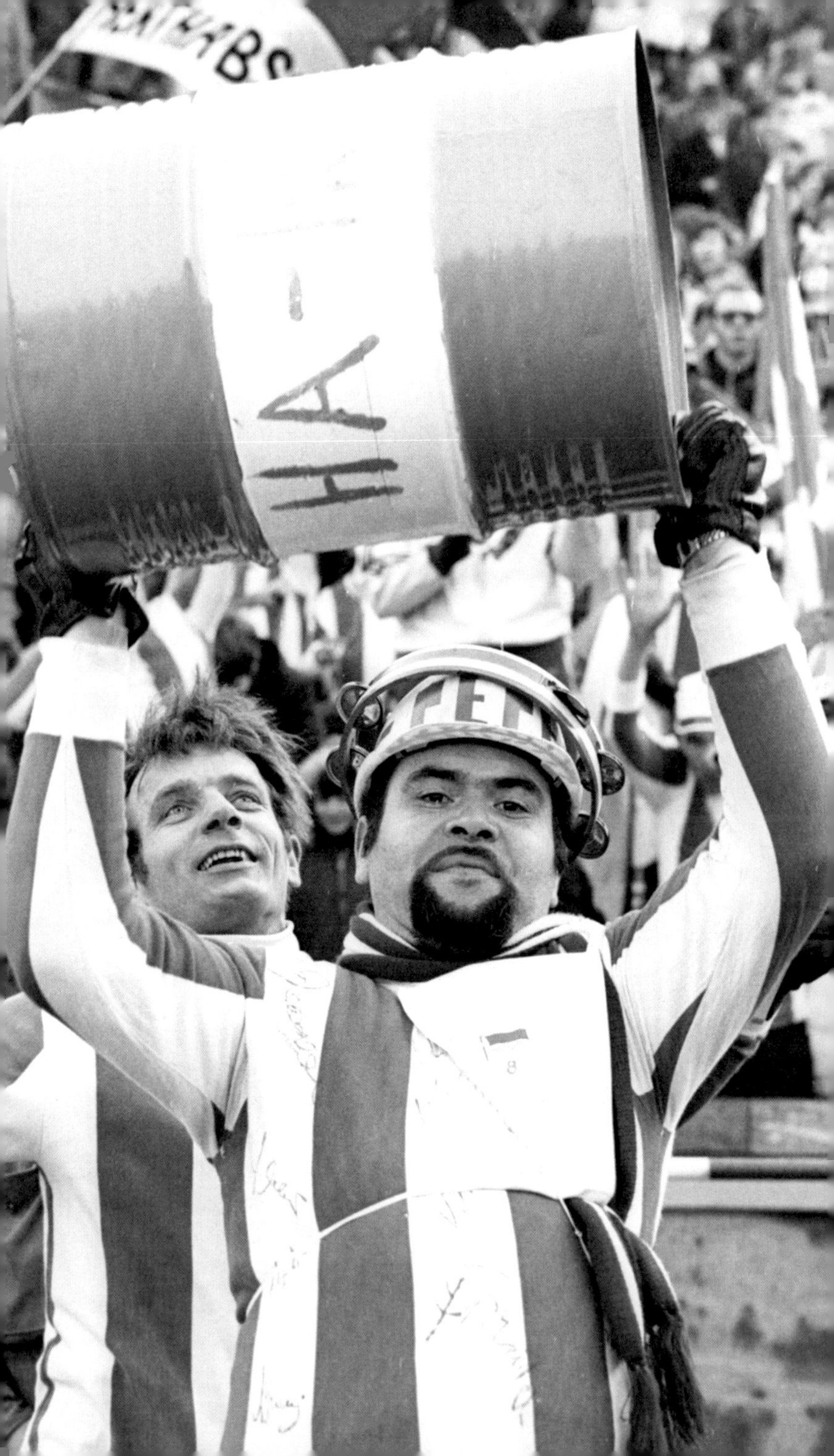

Aha! Extra

Lebenslänglich

Uwe Witt ist 82 Jahre alt, lebt in Berlin und gab einst als Profi einen äußerst zuverlässigen Libero bei Hertha BSC. Weil er zudem ein integrer Mann war, amtierte er 1970/71 auch als Mannschaftskapitän. Das hebt ihn noch nicht unbedingt heraus aus dem Kreis der Hertha-Profis, aber Witt besitzt ein kurioses Alleinstellungsmerkmal, auf das er stolz ist.
Die Vorgeschichte: Am letzten Spieltag der Saison 1970/71 unterlag Hertha im Olympiastadion gegen Arminia Bielefeld mit 0:1. Zuvor hatten die Herthaner Tasso Wild und Bernd Patzke Absprachen mit den beiden abstiegsbedrohten Vereinen Bielefeld und Kickers Offenbach getroffen. Die Kickers boten 140.000 Mark, wenn Hertha gegen Bielefeld gewinnt, die Arminia aber lockte mit 250.000 Mark, wenn Hertha verliert. Kapitän Witt war in den Bestechungsskandal nicht eingeweiht. Nach dem Spiel traf sich die Mannschaft im „Waldhaus", der Stammkneipe der Herthaner, in der Heerstraße nahe dem Olympiastadion. Witt: „Ich fragte meine Kameraden, wo Jürgen Rumor ist. Es stellte sich heraus, dass Jürgen, der nicht gespielt hatte, dem Bielefelder Mannschaftsbus nachgefahren war, um das Geld zu holen. Kurz darauf kam er rein und legte einen Koffer auf den Tisch, in dem etwa 250.000 Mark waren. Ich dachte gelinde gesagt: Mich tritt ein Pferd."
Witt wollte den Skandal noch verhindern, sagte: „Ich beende meine Laufbahn jetzt sowieso, aber Ihr macht eure Karrieren kaputt. Und das wegen einer lächerlichen Summe von 15.000 Mark pro Mann. Ich habe dann entschieden, dass wir abstimmen. Von den zwölf Spielern, die abgestimmt haben, waren fünf dagegen und sieben dafür, das Geld zu nehmen."
Der Skandal nahm seinen Lauf.

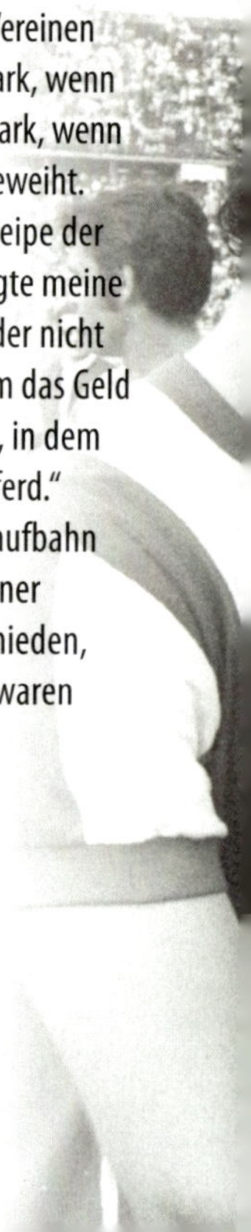

Hertha-Kapitän Uwe Witt (Mitte)
mit Franz Beckenbauer (l.) und
Hertha-Keeper Volkmar Groß

Witt aber gab seinen Anteil in die Mannschaftskasse. Bestraft wurde er dennoch, wie alle anderen auch: Spielsperre vom 21. Juni 1972 bis 20. Juni 1974 und 15.000 Mark Geldstrafe.
Diese aber zahlte Witt nicht. „Warum hätte ich sie bezahlen sollen? Ich hatte wie gewohnt gegen Bielefeld mit vollem Einsatz gespielt und ein reines Gewissen. Ich war ja in die Absprachen nicht involviert."
Das dicke Ende kam aber noch: Wegen Nichtzahlen der Verfahrenskosten und der Geldstrafe ist Uwe Witt durch den Deutschen Fußball-Bund (DFB) seit 1972 und bis zum heutigen Tag weltweit gesperrt! Unglaublich!
Sehr gestört hat es ihn aber nicht. Das berüchtigte Duell gegen Bielefeld war sein 123. Bundesligaspiel und auch sein letzter Auftritt als Profi ...

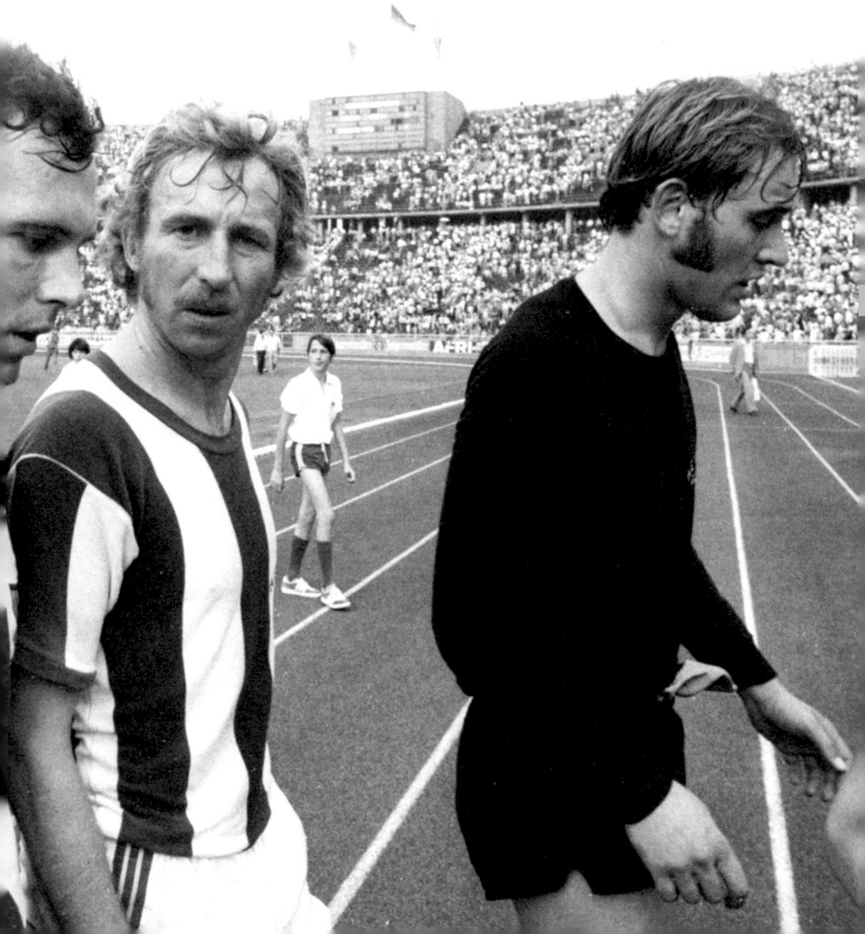

Populärer Irrtum

Posse um Napoleon

Es gibt Geheimnisse, die werden nie gelöst. Andere überdauern viele Jahre – so wie das um den einst begehrten Fußball-Lehrer Dettmar Cramer und die Hertha. 1974 schworen sich Cramer und der damalige Hertha-Präsident Heinz Warneke, das mysteriöse Geschehen rund um die Verpflichtung von Cramer und deren schnelles Ende solange wie möglich geheim zu halten. Das gelang tatsächlich 41 Jahre lang. Erst nach dem Tod von Cramer, der im Alter von 90 Jahren 2015 starb, lüftete Warneke gegenüber dem Autor dieses Bandes das Geheimnis um die blitzschnelle Aufgabe des berühmten Trainers.
Dettmar Cramer, in den 1970er Jahren einer der besten deutschen Fußballlehrer, gilt als der Trainer mit der kürzesten Amtszeit in der Bundesliga-Geschichte. Er ging als „Trainer für einen Tag" in die Annalen ein. Das klingt gut und sehr interessant. Doch korrekt ist das nicht, was rund um den kleinen Mann, auch „Napoleon" genannt, später geschrieben und erzählt wurde.
Die Fakten einer Posse: Für die Saison 1974/75 suchte Hertha einen Nachfolger für Trainer Helmut Kronsbein und fand ihn in Cramer. Am 9. Juli 1974 wurde Cramer der Öffentlichkeit präsentiert. Und das mit viel Brimborium. Die Pressekonferenz leitete Herthas graue Eminenz Wolfgang Holst, der aber vom DFB nach dem Bundesligaskandal bis März 1978 für alle Ämter im Verein gesperrt worden war. Das sollte Hertha noch zum Verhängnis werden. Cramer aber hatte einen Dreijahresvertrag unterschrieben. Er leitete dann auch am gleichen Tag das erste Training an der „Plumpe" im Gesundbrunnen. Nichts deutete darauf hin, dass er nur Stunden später seinen Vertrag annullieren würde!
Offiziell hieß es, „zwingende persönliche Gründe" hätten den Ausschlag für die sensationelle Demission von Cramer gegeben. Andere Begründungen wurden verbreitet: Cramer sei der Kader des Vereins viel zu klein gewesen oder, er habe die ihm versprochenen prominenten Zugänge nicht bekommen. So sollten angeblich Uli Hoeneß, Paul Breitner und Berti Vogts nach Berlin kommen.

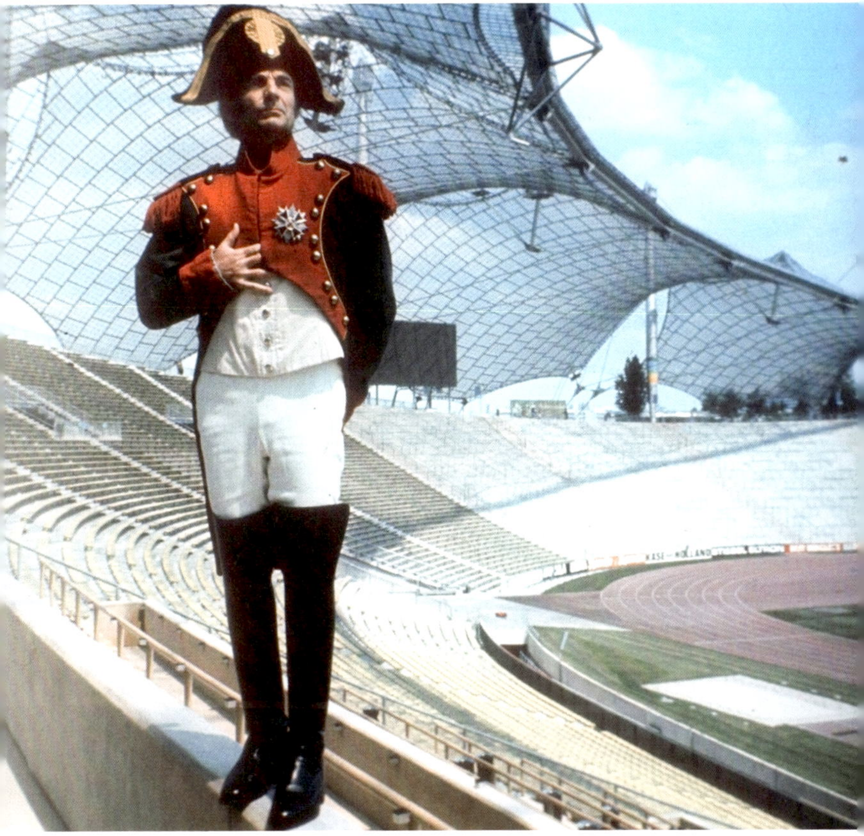

Dettmar Cramer posiert (im Münchener Olympiastadion) als Napoleon.

Doch all das stimmte nicht. Die Wahrheit, die Heinz Warneke 2015 ans Licht brachte, war simpel: Cramer, ein untadeliger und überkorrekter Mann hatte es nicht mit seinem Gewissen vereinbaren können, mit dem gesperrten Funktionär Wolfgang Holst zusammenzuarbeiten. Das hätte seinem Ruf, vor allem beim DFB – er liebäugelte auch mit dem Job als Bundestrainer – enorm geschadet. So ging er als „Trainer für einen Tag" in die Historie ein. Auch das ist nicht ganz korrekt. Sein Vertrag datierte vom 1. Juli 1974 an. Und er begleitete die Mannschaft nach dem 9. Juli noch einige Tage ins Trainingslager nach Herzogenaurach, ehe sein Nachfolger Georg Kessler übernahm.

Aha

Der Sieben-Minuten-Mann

Es gibt einen ehemaligen Hertha-Profi, der sich stolz „Weltrekordler“ nennen darf. Detlev Szymanek, Jahrgang 1954, stürmte in den 1970er Jahren für die Berliner in der Bundesliga und wird noch heute oft der „Sieben-Minuten-Mann“ genannt. Was war passiert? Am letzten Spieltag der Saison 1975/76 musste Hertha beim FC Bayern München antreten. Das Duell am 11. Juni 1976 endete 7:4 für die Bayern und ist noch heute das torreichste Spiel der Hertha in ihrer Bundesliga-Geschichte. Nach den ersten 45 Minuten führte Bayern sage und schreibe mit 6:0, allein Gerd Müller hatte vier Tore geschossen. „In unserer Kabine herrschte blankes Entsetzen“, sagt Szymanek. Später schlug die große Stunde des damals erst 22-jährigen Profis. Er traf in der 82., 87. und 89. Minute gegen Bayern-Nationaltorhüter Sepp Maier und gestaltete das Resultat einigermaßen erträglich. „Die Bayern waren sauer und ich auf Wolke sieben“, erinnert sich der Dreifach-Schütze. Diese sieben Minuten waren die größten in seiner Karriere. Szymaneks Motto: „Als Stürmer muss man zur rechten Zeit am richtigen Ort sein.“ Bis heute ist er der einzige Profi weltweit geblieben, der gegen den FC Bayern drei Treffer in dieser kurzen Zeitspanne geschossen hat. Ein Weltrekord eben.

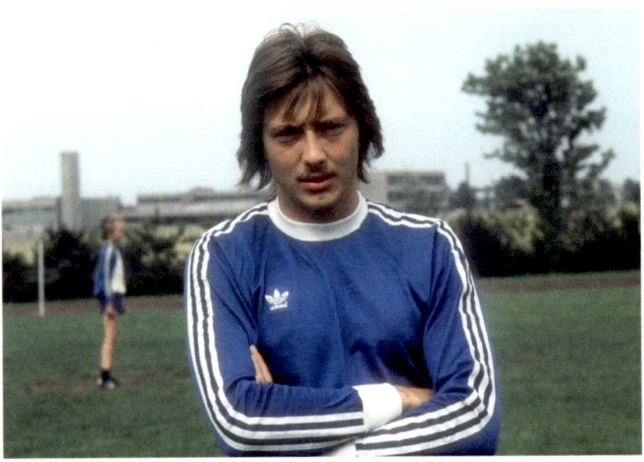

Tore gegen die Bayern adeln: Detlev Szymanek

Aha!

Extra

„King Bomber Karl"

Franz Beckenbauer – wer sonst! Ja, der „Kaiser" wurde 1998 in die „National Soccer Hall of Fame", die Ruhmeshalle des US-Fußballs, aufgenommen. Von 1977 bis 1980 spielte er an der Seite von Weltstar Pelé bei Cosmos New York, holte den Meistertitel in der National American Soccer League (NASL).

Doch noch ein zweiter deutscher Fußballer gelangte bislang in die Ruhmeshalle der Amerikaner. 2003 wurde Angreifer Karl-Heinz Granitza, einst bei Hertha BSC bekannt geworden, in den exklusiven Zirkel aufgenommen. Granitza, der zwischen 1976 und 1979 in der Bundesliga 34 Tore für die Hertha schoss, war 1979 von der wieder einmal finanziell klammen Hertha für eine Ablöse von 410.000 Mark an die Chicago Stings verkauft worden. Dort bekam er den Beinamen „King Bomber Karl". In der NASL stieg er zu einem großen Star auf, schoss für Chicago in 225 Spielen sagenhafte 141 Tore und wurde Meister.

Noch heute wird er in Chicago verehrt, denn 1982 wurde er gar zum „Sportler des Jahres" in der Millionenstadt am Michigansee gekürt – vor Basketball-Star Michael Jordan von den Chicago Bulls und Box-Weltmeister Muhammad Ali. Granitza hat Jordan mehrmals getroffen, den „Größten" Muhammad Ali nur einmal. „Boxen wollte der Gott sei Dank nicht gegen mich", sagt Granitza. Glück gehabt!

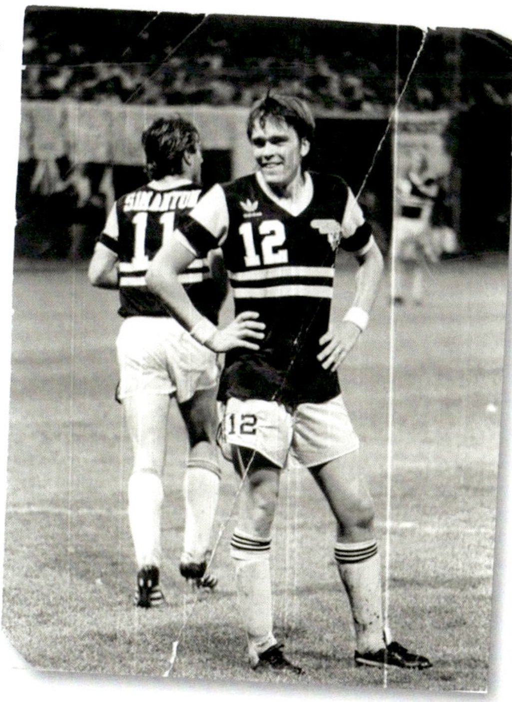

Karl-Heinz Granitza im Dress der Chicago Stings

Herthas BSC – eine Zeitreise

Die größten Erfolge der Vereinsgeschichte, die Meistertitel, liegen weit zurück und viele Jahre vor dem Bundesligastart 1963. Sie sind in anderen dicken Büchern nachzulesen. An dieser Stelle folgen einige eher subjektiv empfundene Höhepunkte einer kleinen Zeitreise.

1963–1969

1963

Hertha BSC hatte sich gegen die anderen Berliner Bewerber um einen Platz in der neuen Bundesliga – Tasmania 1900 und Viktoria 89 – mit Erfolgen auf dem Rasen und mit Hilfe schlauer Lobbyisten durchgesetzt und stieg zu den stolzen Gründungsmitgliedern der Liga auf. Am 21. August sahen 50.000 Zuschauer im Berliner Olympiastadion die Premiere gegen den 1. FC Nürnberg. Beim 1:1 retteten viermal Latte und Pfosten die Hertha vor weiteren Gegentreffern. So oft wurde Hertha später nicht mehr vom Glück geküsst.

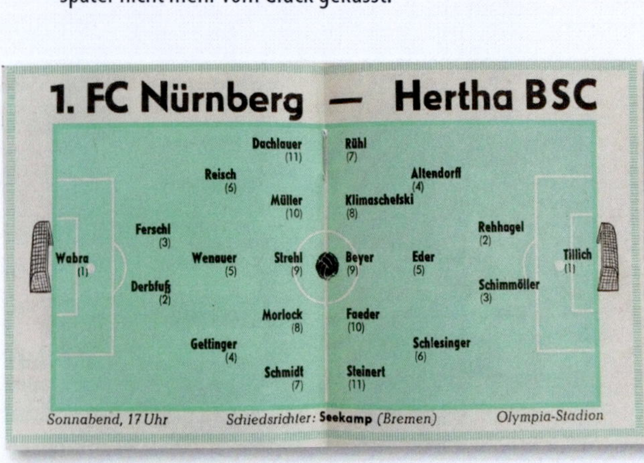

Die Aufstellung der Hertha beim ersten Bundesligaspiel gegen den 1. FC Nürnberg

Aha

1965

Herthas Vorstand bestand aus einem Schleifmittel-Fabrikanten (Vorsitzender), einem stadtbekannten Kneipier und Spielautomatenbetreiber (Obmann) und einem Bestattungsunternehmer (Schatzmeister). Das originelle Trio konnte den ersten Zwangsabstieg einer Mannschaft in der Bundesliga nicht verhindern. Wegen Zahlung überhöhter Gehälter und Handgelder musste Hertha die Eliteklasse verlassen. Alle Proteste und vorgelegten Beweise, dass auch andere Vereine so gehandelt hatten, halfen nichts. Hertha blieb danach drei Jahre in der Regionalliga Berlin stecken.

1969

Eine Stunde vor dem Anpfiff eines Bundesligaspiels im Berliner Olympiastadion drängten sich schon 50.000 Fans in der Arena! Unglaublich! Später, beim Anpfiff, waren nicht nur alle Plätze mit sich drängelnden Anhängern besetzt, auch sämtliche Zugänge im Unter- und Oberring zeigten sich durch erwartungsfrohe Menschen total verstopft. Die Sicherheit der Fans war durchaus in Gefahr. Sie alle wollten am 6. Spieltag der Saison 1969/70 das Duell zwischen Hertha und dem 1. FC Köln sehen. Und das an einem Freitagabend. Herthas Vorstandsmitglied Jürgen Mühle sprach später vom „Zusammenbruch der Organisation". Je nach Quelle sollen fast 90.000 (Fußball-Woche), exakt 90.000 (Tagesspiegel) oder gar „geschätzte 120.000" (Kicker) im Stadion gewesen sein. An den Kassen dominierte das Faustrecht, berichteten Augenzeugen später. Offiziell wurde die Zahl von 88.075 Zuschauern verkündet. Das ist bis heute die größte Kulisse, die je ein Bundesligaspiel erlebte. Berlins Mittelstürmer Hans-Joachim Altendorff jubelte: „Janz Berlin war da!" Gespielt wurde natürlich auch und Herthas Stürmer Wolfgang Gayer köpfte einen Eckball von Arno Steffenhagen zum 1:0 ins Kölner Tor. Das bedeutete auch den Endstand bei diesem denkwürdigen Ereignis. Es war zugleich auch das 100. Bundesligaspiel der Hertha und das 50. Heimspiel. Berlins Fans liebten ihre Hertha und am Ende der Saison, die das Team von Trainer Helmut „Fiffi" Kronsbein auf Rang drei beendete, erreichte der Klub einen Zuschauerschnitt von 42.000! Für die damalige Zeit im geteilten Berlin eine großartige Zahl.

Aha

1971–1974

1971

Der 5. Juni sollte ein schwarzer Tag in der Geschichte von Hertha werden. Die Mannschaft empfing am letzten Spieltag das abstiegsbedrohte Team von Arminia Bielefeld. Die 35.000 Zuschauer im Olympiastadion trauten ihren Augen nicht, als Hertha schwächelte und 0:1 unterlag. Es gab Pfiffe und „Schiebung!"-Rufe. Einen Tag später kam der Bundesliga-Skandal ans Licht, in den zahlreiche Vereine, auch Hertha, verwickelt waren.
Horst-Gregorio Canellas, Präsident der auch abstiegsgefährdeten Offenbacher Kickers, hatte den Hertha-Spielern Bernd Patzke und Tasso Wild 140.000 Mark geboten, wenn das Team gegen Bielefeld gewinnt. Die Arminia aber bot 250.000 Mark, wenn Hertha das letzte Spiel verliert. Nach dem Duell ließ Herthas Kapitän Uwe Witt abstimmen: Sieben Spieler waren für die Annahme des Geldes, fünf dagegen, inklusive Witt. Das Unheil nahm seinen Lauf. Monate später wurden 15 Hertha-Spieler und Obmann Wolfgang Holst gesperrt. Kurios: Herthas Zoltán Varga hatte zusätzlich 15.000 Mark von Bielefeld gefordert. In der Halbzeit, beim Stand von 0:0, soll er seine Frau angerufen haben, ob das Geld schon da sei. Das war nicht der Fall. Später zirkelte er einen Freistoß an die Latte des Arminia-Tores! Aus Wut? Oder war es ein Warnschuss? Das blieb sein Geheimnis. Varga starb 2010 im Alter von 65 Jahren an Herzversagen bei einem Seniorenspiel.

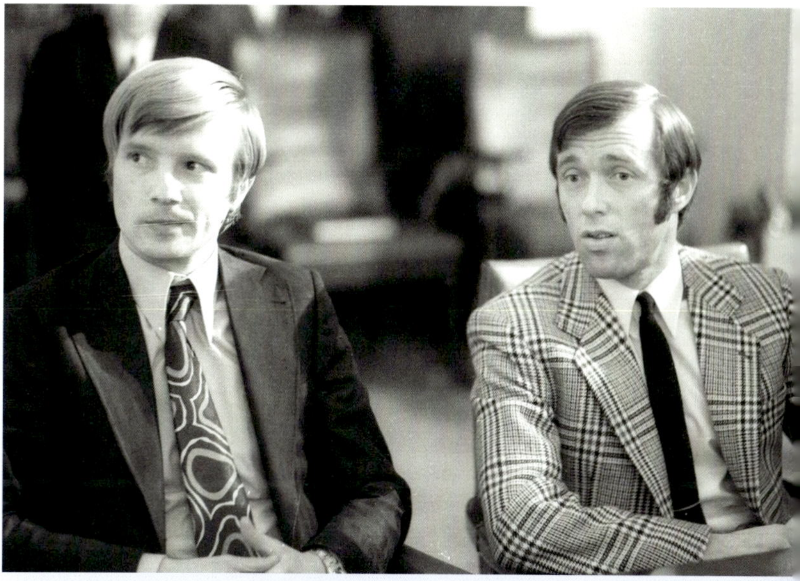

Zoltán Varga (l.) und Laszlo Gergely bei der Anhörung zum Bundesligaskandal

1974

Im Oktober mussten Herthas Anhänger schweren Herzens Abschied nehmen von ihrem geliebten Stadion, der „Plumpe" im Ortsteil Gesundbrunnen im Wedding. Das enge Areal, ohne Laufbahn und mit Zuschauern ganz dicht am Rasen, war 1924 mit einem 1:0-Sieg gegen den VfB Pankow eröffnet worden. Zwei steile Hintertor-tribünen, „Uhrenberg" und „Zauberberg" genannt, waren charakteristisch für dieses Schmuckstück, das an englische Stadien erinnerte. 35.000 Fans fasste die populäre Arena. Da Hertha aber 1972 rund 6,6 Millionen Mark Schulden drückten, wurde der Notverkauf der „Plumpe" beschlossen. 163 Mitglieder stimmten mit Ja, 57 mit Nein und 15 enthielten sich der Stimme. Eine Münchner Baugesellschaft kaufte das Areal für 6,2 Millionen Mark. Das geplante Abschiedsspiel am 23. Oktober gegen den 1. FC Nürnberg fiel wegen eines Wolkenbruchs buchstäblich ins Wasser. Danach begann der Abriss. 440 neue Wohnungen wurden dort errichtet,, wo einst die Massen ihren Idolen zugejubelt hatten.

1979–1989

1979

Herthas Mannschaft war im UEFA-Cup durch Europa gefegt. Nach Erfolgen gegen Trakia Plowdiw (Bulgarien), Dinamo Tiflis (Georgien), Esbjerg BK (Dänemark) und Dukla Prag (CSSR) erreichte das Team das Halbfinale. Dort war Roter Stern Belgrad aus Jugoslawien der bärenstarke Gegner. Vor der mächtigen Kulisse von 100.000 heißblütigen Fans verlor Hertha in Belgrad das Hinspiel mit 0:1. Für das Rückspiel am 25. April im Olympiastadion waren sagenhafte 67.000 Tickets im Vorverkauf abgesetzt worden! Offiziell drängten sich später 75.000 beim Spiel in der Arena. Die schnellen Treffer von Erich Beer und Wolfgang Sidka reichten nicht zum Einzug ins Finale. Sestic traf zum 1:2. Die Auswärtstorregel griff. Nach diesem Duell dauerte es 20 Jahre, ehe wieder eine Hertha-Mannschaft im Europapokal antreten durfte.

1979

Herthas Mannschaft um Kapitän Uwe Kliemann, wegen seiner stattlichen Figur „Funkturm" genannt, erreichte im Juni zum zweiten Mal nach 1977 das Finale im DFB-Pokal. Gegner war Fortuna Düsseldorf. Das Duell wogte hin und her und ging torlos in die Verlängerung. Als bereits das Elfmeterschießen drohte, kam die für Berlin verhängnisvolle 116. Minute. Kliemann wollte einen Rückpass auf seinen Keeper Norbert Nigbur spielen, übersah aber den Fortunen-Stürmer Wolfgang Seel. Der spritzte dazwischen und hämmerte den Ball ins Tor. Für Kliemann wurde die Szene zum Albtraum. Freunde schenkten ihm später T-Shirts mit einem Foto der Aktion und der Aufschrift „116. Minute". Noch heute wird Kliemann, von den Fans dennoch in die „Jahrhundert-Elf" gewählt, oft auf jene Minute angesprochen.

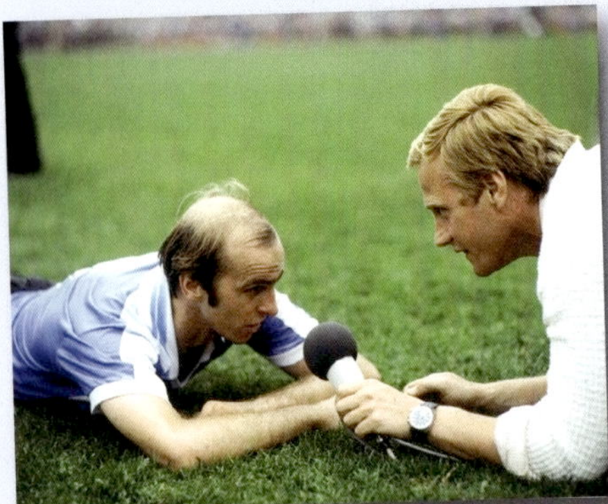

Enttäuschung schützt nicht vor Interviews: Erich Beer nach dem verlorenen DFB-Pokalfinale mit einem gnadenlosen Reporter

1986

Gleich drei Berliner Klubs spielten 1985/86 in der Zweiten Bundesliga: Hertha BSC, Tennis Borussia und Blau-Weiß 90. Hertha drückten 3,5 Millionen Mark Schulden, teure Spieler konnte man nicht verpflichten, setzte auf junge Profis. Der Altersschnitt lag bei 22 Jahren. Nach Misserfolgen musste Trainer Uwe Kliemann gehen, Hans Eder übernahm vorläufig, ehe der Weltenbummler Rudi Gutendorf die Mannschaft auf Kurs bringen sollte. Der Profi Heikko Glöde erzählte später eine unglaubliche Episode: „Da wir viele Verletzte hatten, kam Gutendorf auf die Idee, einige Tage das Training ausfallen zu lassen. Wir gingen stattdessen mit dem Trainer ins Wiener Kaffeehaus, um Kuchen zu essen. Man kann sich vorstellen, wie fit wir waren." Jürgen Sundermann löste Gutendorf ab und wurde der vierte Coach in dieser Saison, stieg tatsächlich mit Hertha ab. Im Mai 1986 war der absolute Tiefpunkt erreicht und Hertha in der Amateur-Oberliga Berlin gelandet. Zwei Spielzeiten brauchte Hertha, um in die Zweite Liga zurückkehren zu können.

1989

Es gibt nur wenige Spiele, die man als „historisch" beschreiben kann. Das Zweitliga-Duell zwischen Hertha BSC und Wattenscheid 09 gehört auf jeden Fall dazu. Das fand am 11. November im Olympiastadion statt und nur zwei Tage zuvor, am 9. November, war die Berliner Mauer gefallen. Hertha reagierte schnell und alle ostdeutschen Besucher bekamen freien Eintritt. 11.000 Fans aus dem Osten wurden schließlich gezählt und insgesamt 44.174 Zuschauer angegeben. Das Flair eines ungewöhnlichen Ereignisses umgab das Stadion. Menschen weinten, andere standen still und versunken allein auf dem Olympiagelände, wieder andere küssten gar das Pflaster rund um die Arena. Das Resultat, ein 1:1, interessierte kaum. Berlin war im Freudentaumel, im Ausnahmezustand. Jeder Spieler, der auf dem Rasen stand, wusste, er war bei einem historischen Ereignis am Ball, das unvergessen bleibt.

Aha

1990–1999

1990

Schon im Januar folgte das nächste Spiel, das in die Historie des Berliner Fußballs eingehen sollte. Hertha empfing am 27. Januar den alten Rivalen 1. FC Union zum Freundschaftsspiel, dem ersten Duell nach 28 Jahren Trennung durch die Mauer. Knapp 52.000 Zuschauer pilgerten ins Olympiastadion und sahen einen 2:1-Sieg der Hertha. Egal, auf welcher Seite die Treffer fielen, alle wurden frenetisch bejubelt. Es war der Beginn einer neuen, alten Rivalität.

1993

Mehrere Monate verzauberte eine junge Mannschaft ganz Berlin: die Amateure von Hertha BSC, liebevoll die „Bubis“ genannt. Die Mannschaft sorgte im DFB-Pokal für Furore, bezwang reihenweise höherklassige Teams und zog ins Endspiel ein. Das wurde knapp mit 0:1 gegen den Bundesligisten Bayer Leverkusen verloren. Neben dem einzigen Profi Carsten Ramelow standen Abiturienten, ein Elektroniker, ein Gas-Wasser-Installateur und ein Kfz-Mechaniker im umjubelten Team. Fußball-Berlin liebte seine Bubis, für die auch ein eigenes Parfüm kreiert und auf den Markt gebracht wurde: „Dufte Hertha“.

1999

Nach dem ersehnten Wiederaufstieg in die Erste Bundesliga 1997 unter Trainer Jürgen Röber schaffte Hertha schon in der zweiten Spielzeit im Oberhaus einen sensationellen dritten Platz und zog zum ersten Mal in die Champions League ein, wo man bis in die Zwischenrunde kam. Im letzten Spiel der Saison 1998/99 wurde der Hamburger SV mit 6:1 besiegt. Michael Preetz gelangen drei Treffer und er avancierte mit 23 Toren zum Torschützenkönig der Bundesliga. Die 75.000 Zuschauer im Olympiastadion waren begeistert und feierten das Team beinahe wie bei einer Meisterschaft.

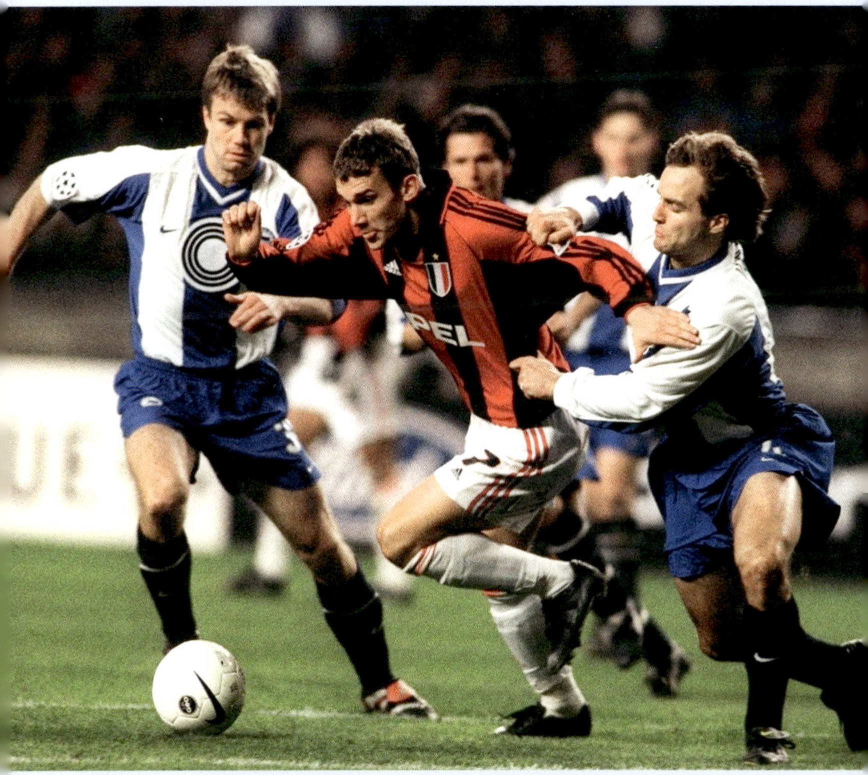

Hertha in der Champions League: Gegen den AC Mailand mit Weltstars wie Andrij Schewtschenko gab es am 20.10.1999 in Berlin einen 1:0-Sieg.

2009–2021

2009

So nah am Meistertitel wie in der Spielzeit 2008/09 war Hertha BSC nie zuvor seit 1963. Die Mannschaft unter dem Schweizer Trainer Lucien Favre begeisterte, besaß in Marko Pantelic und Andrej Woronin großartige Torjäger, die den Fans eine Show boten. 16 Mal stand Hertha bislang an der Spitze der Bundesligatabelle, allein fünfmal davon im Jahr 2009. Intern wurden schon Vorbereitungen für eine Meisterfeier getroffen. Manager Dieter Hoeneß wollte mit der Meisterschale durchs Brandenburger Tor fahren. Daraus wurde nichts. In den letzten zwei Partien verspielte das Team den Titel und auch die Teilnahme an der Champions League. Platz 4. Eine Saison später stieg Hertha sogar ab.

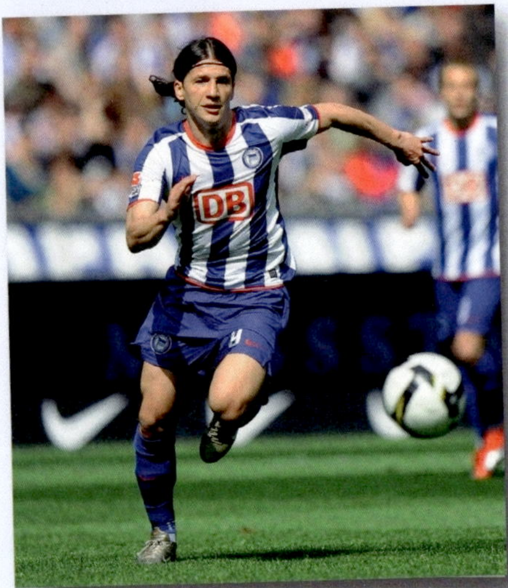

Beliebt und extravagant: Marko Pantelic

2012

Nach dem Wiederaufstieg geriet Hertha 2011/12 erneut in eine Krise, beschäftigte in Markus Babbel, Michael Skibbe, René Tretschok und Altmeister Otto Rehhagel vier Cheftrainer. Unter Rehhagel schaffte es das Team in die Relegation gegen den Dritten der Zweiten Liga, die Fortuna aus Düsseldorf. Hertha stieg nach einem 1:2 zu Hause und einem 2:2 in Düsseldorf ab. Doch die zweite Partie ging unter irregulären Umständen zu Ende. Fortuna-Fans hatten kurz vor Abpfiff den Rasen gestürmt, den Elfmeterpunkt herausgerissen und Eckfahnen demontiert. Hertha legte Protest ein, der nach unzähligen Verhandlungen abgelehnt wurde.

2019

Hertha sorgte für zahlreiche Rekorde – in der Saison 2019/20, die auf einem enttäuschenden 10. Platz endete. Vier Trainer sind dafür verantwortlich: Ante Čović (12 Spiele), Jürgen Klinsmann (9 Spiele), Alexander Nouri (4 Spiele) und Bruno Labbadia (9 Spiele). Čović und Nouri mussten gehen, Klinsmann warf selbst hin. Der ehemalige Bundestrainer hatte im November Hertha übernommen und einen Hype ausgelöst. Er wollte im Blitzdurchgang ein blau-weißes Wunder und mit Investor Lars Windhorst einen „Big-City-Klub" schaffen. Letzterer war im Juli mit 224 Millionen Euro eingestiegen und hatte dafür 49,9 Prozent der Anteile der Hertha BSC GmbH & Co. KGaA erworben. Als Klinsmann den Machtkampf gegen das Duo Preetz/Gegenbauer verlor, flüchtete er durch die Hintertür und ließ den Klub im Stich. Im Januar 2020 aber hatte er noch mit Manager Preetz vier Profis für 77 Millionen Euro verpflichtet – weltweiter Wintertransferrekord! Immerhin.

2020/2021

Bruno Labbadia (Vertrag bis 2022) bekam die Aufgabe, aus einer jungen, sehr talentierten Mannschaft ein Team zu schaffen, das möglichst bald in die erweiterte Ligaspitze vordringen kann und damit auf die internationalen Plätze gelangt. Das misslang. Im Januar 2021 wurden Labbadia und Manager Preetz entlassen. Pál Dárdai wurde erneut zum Cheftrainer befördert und Arne Friedrich übernahm die Sportliche Leitung.

Knaller aus dem Mittelkreis

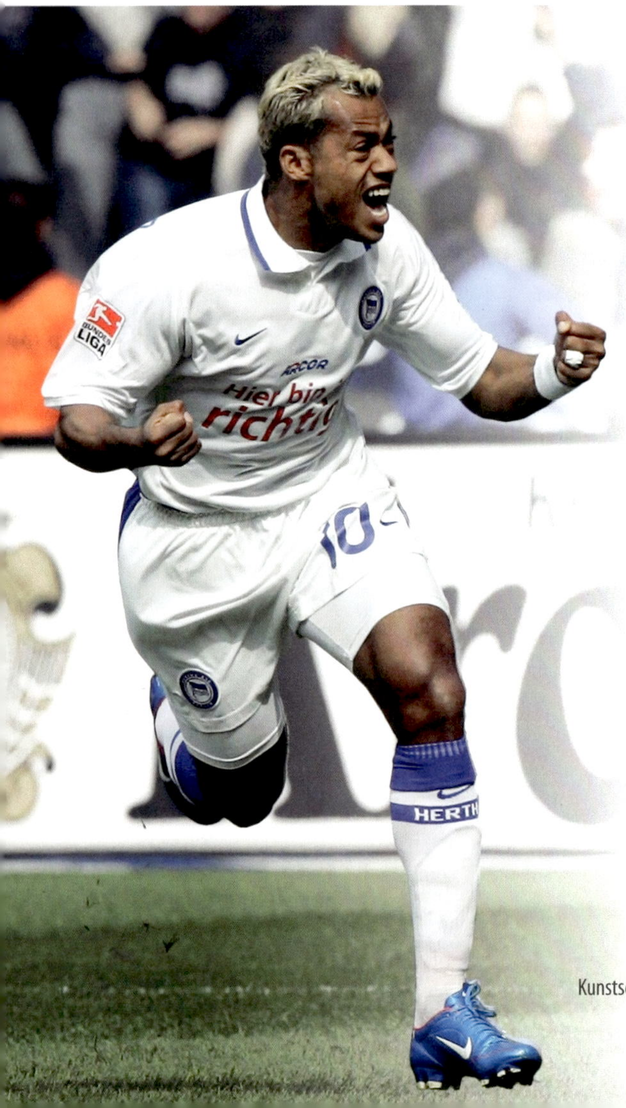

Kunstschütze: Marcelinho

Tore, Tore, Tore! Es ist der 30. September des Jahres 2000 und der Kommentator des TV-Senders Premiere schreit beim Spiel Hertha BSC gegen den 1. FC Köln plötzlich: „Ein verrücktes Tor! Was ist denn da los? Gibt es denn sowas? Alex Alves! Nicht zu glauben! Vom Anstoßpunkt aus trifft dieser Alves. Das Tor geht in die Geschichte der Liga ein. Wahnsinn!"
Tatsächlich wird der Treffer des Brasilianers aus 52 Metern Entfernung in der ARD-Sportschau zum „Tor des Monats September" gewählt und später sogar zum „Tor des Jahres 2000". Es ist bis heute das einzige „Tor des Jahres" von einem Hertha-Spieler geblieben.
Erich Beer, Held der 1970er Jahre, konnte sich zweimal in die Liste „Tor des Monats", seit 1971 in der ARD-Sportschau gekürt, eintragen. Auch der Brasilianer Marcelinho und Sebastian Deisler schafften je zwei „Tore des Monats" im Hertha-Trikot. Siebenmal musste Hertha BSC aber Gegentore einstecken, die auch zu „Toren des Monats" gewählt wurden.

Herthas Top-Schützen (Tore des Monats)

Name	Monat	Gegner	Wettbewerb	Art des Tores
Erich Beer	30.11.1974	MSV Duisburg	Bundesliga	Volleyschuss
Erich Beer	24.04.1976	Spanien	EM-Qualifikation	30-Meter-Schuss
Mario Basler	15.03.1992	Bayer Uerdingen	2. Bundesliga	Freistoß
Theo Gries	13.09.1992	SC Freiburg	DFB-Pokal	Fallrückzieher
Frank Rohde	28.07.1993	FC Carl Zeiss Jena	2. Bundesliga	verunglückter Rückpass
Gábor Király	22.07.1998	Karlsruher SC	Ex-Norm-Cup	Abstoß
Eyjölfur Sverrisson	11.07.1999	Borussia Dortmund	Liga-Pokal	Volleyschuss
Sebastian Deisler	20.08.1999	Arminia Bielefeld	Bundesliga	Volleyschuss
Sebastian Deisler	20.07.2000	SpVgg. Unterhaching	Bundesliga	Schrägschuss
Alex Alves	30.09.2000	1. FC Köln	Bundesliga	Tor aus 52 Metern Entfernung aus dem Mittelkreis
Marcelinho	12.07.2001	Bayer Leverkusen	Liga-Pokal	30-Meter-Schuss
Marcelinho	09.04.2005	SC Freiburg	Bundesliga	Heber aus 48 Metern
Kevin-Prince Boateng	20.07.2005	Griechenland	U19-Länderspiel	Weitschuss
Mitchell Weiser	30.06.2017	Spanien	Finale U21-EM	Kopfball

Aha

Radiomacher mit Pfiff

Das schöne, alte Radio und Hertha BSC – das ist durchaus eine Liebesbeziehung. Die ist uralt und begann schon im Jahr 1926. Damals wurde das erste Mal das Endspiel um die deutsche Fußball-Meisterschaft live übertragen – und die Hertha-Mannschaft war dabei. Am 13. Juni 1926 sahen 40.000 Zuschauer im Frankfurter Stadion einen 4:1-Sieg der Spvgg. Fürth gegen Hertha. Die Zahl der Menschen, die am Radio saßen, wurde auf 400.000 geschätzt. Hertha BSC um seinen Kapitän Hanne Sobek hat damit Radiogeschichte geschrieben – trotz der Niederlage.

Über 60 Jahre nach diesen Pionierzeiten der Radiomacher eroberte eine kleine Gruppe Hertha-Fans mit Sinn fürs Radio eine neue Hörerschaft. Am 16. Februar 1989 ging das „Hertha-Echo – Radio von Fans für Fans" – zum ersten Mal auf Sendung. Manfred Sangel, der Chef, wollte der vorwiegend negativen Berichterstattung in den großen Medien über den damaligen Zweitligisten Hertha etwas entgegensetzen – „mit blau-weißer Brille, aber dennoch einigermaßen objektiv". 30 Jahre hielt die Freizeit-Radio-Mannschaft durch, die alle 14 Tage jeden Donnerstag eine Sendung produzierte. Am 16. Februar 2019 lief die 653. und letzte Sendung – live vor über 100 Gästen. Das Hertha-Echo

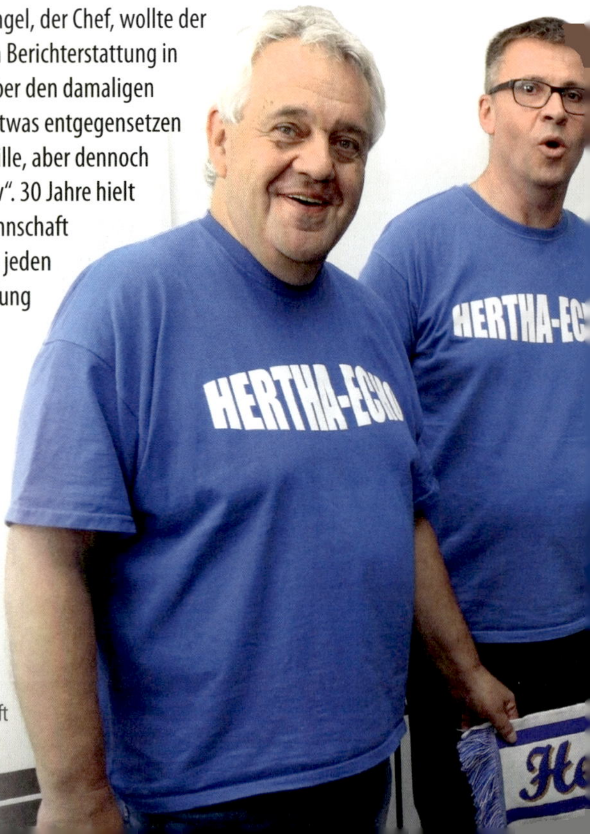

Chef Manfred Sangel (l.) und seine Radio-Mannschaft

war zudem das erste Fanradio im deutschen Profifußball. Viel ist in den 30 Jahren passiert. Rund 400 Gäste konnten Sangel & Co. im Studio begrüßen, wo es stets locker und mit flinker Zunge zuging. In der Premierensendung waren zu Gast: Trainer Werner Fuchs, Manager Horst Wolter, Profi Dirk Kurtenbach und das Berliner Original „Kalle aus der Kurve".

Die Frage nach dem eloquentesten Gast ist einfach zu beantworten:
Der ehemalige Manager von Bayer Leverkusen, Reiner Calmund! Sangel:
„Er redete ohne Punkt und Komma!"

Highlights waren u.a. die 500. Sendung, als plötzlich der Mannschaftsbus mit allen Profis vor dem Studio vorfuhr und die Nonstop-Sendung über 12,5 Stunden passend zum 125. Geburtstag des Vereins. Nach 653 Sendungen war aber Schluss. Die Macher waren in die Jahre gekommen, aber vor allem die bei den Profis beliebten sozialen Medien und die vereinseigenen Kanäle, wie das Hertha-TV, machten dem Fanradio das Leben schwer. So endete leider ein origineller Abschnitt Radiogeschichte und ein großes Stück Romantik im Fußballgeschäft.

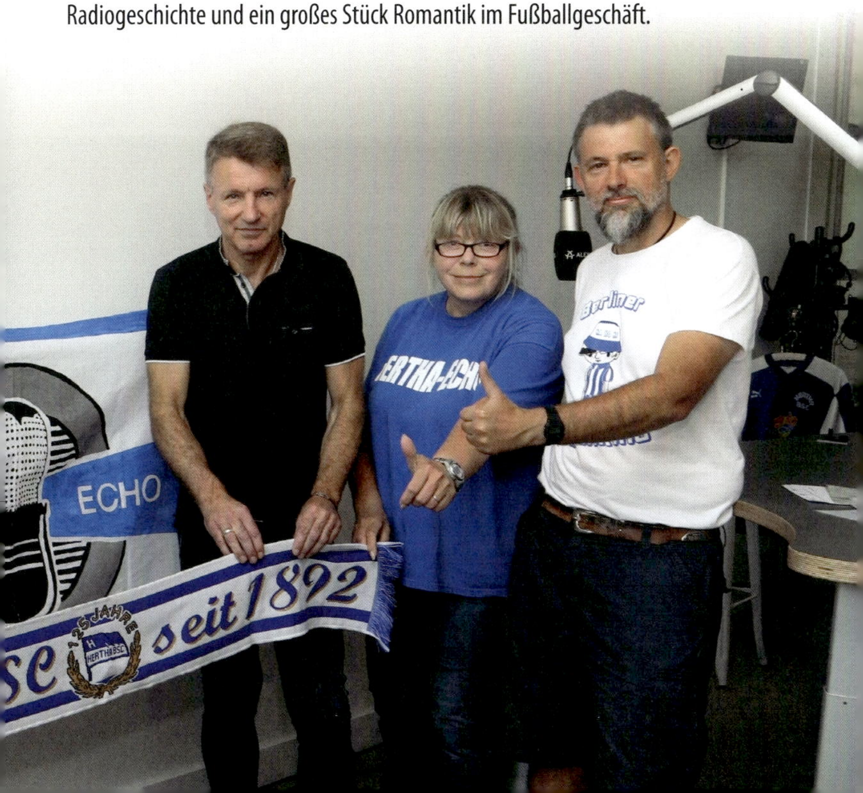

Aha

Unter Brüdern

Andreas und Oliver Schmidt kamen als Zwillinge 1973 in Berlin zur Welt und wurden die Vorreiter der kurzen Reihe von Brüderpaaren, die später bei Hertha als Profis zum Einsatz kamen. Oliver ist um fünf Minuten älter als Andreas. Beide gehörten zur Mannschaft der Hertha-Amateure, genannt die „Bubis", die 1993 sensationell das Finale im DFB-Pokal erreichte und mit 0:1 gegen Bayer Leverkusen unterlag. In der Ersten Bundesliga standen beide zweimal gemeinsam auf dem Platz – im Februar 1998 gegen Bayern München (2:1) und im Mai 1998 bei einem 0:1 gegen Leverkusen.

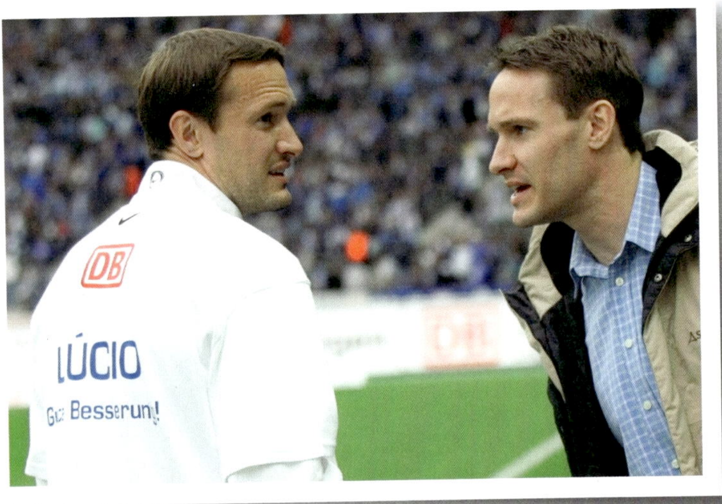

Wer ist wer? Andreas (l.) und Oliver Schmidt

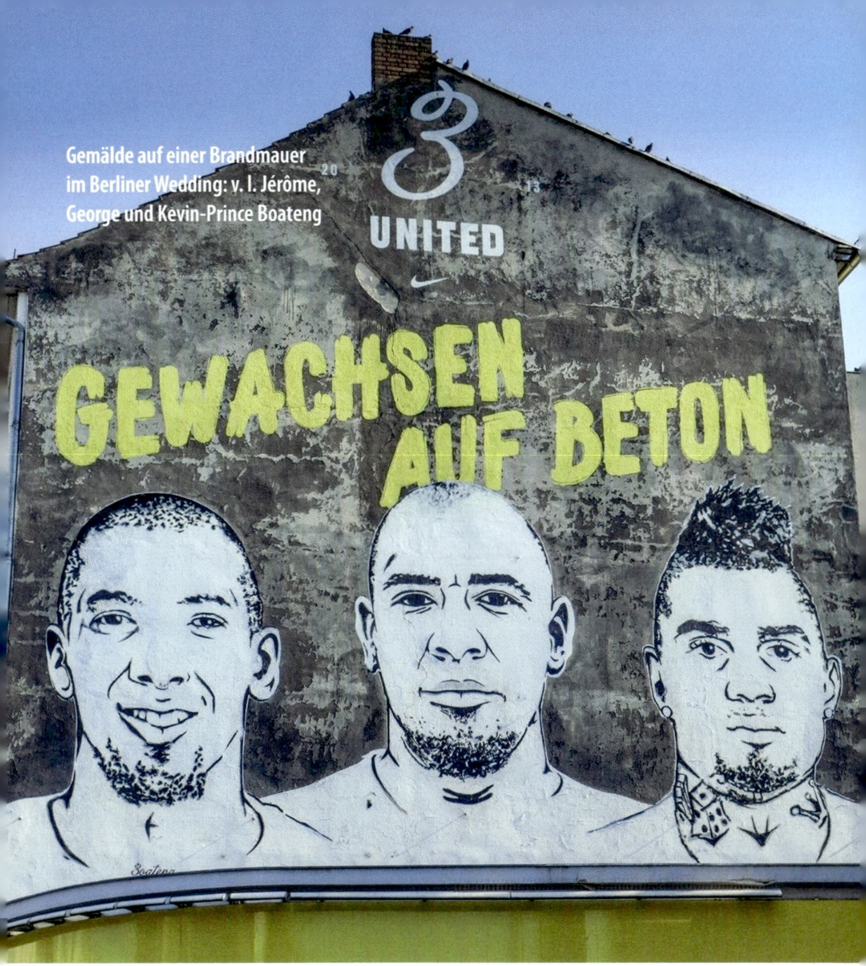

Gemälde auf einer Brandmauer im Berliner Wedding: v. l. Jérôme, George und Kevin-Prince Boateng

Es folgten die berühmten Halbbrüder Kevin-Prince und Jérôme Boateng, die ebenfalls in der Ersten Liga, in der Saison 2006/07, zweimal zusammen für Hertha aufliefen und zweimal verloren – beim 1:3 in Mönchengladbach und einem 0:1 gegen Energie Cottbus. Öfter traten die beiden Brüder Raffael und Ronny aus der Familie de Araujo aus Brasilien zusammen im blau-weißen Trikot auf – in der Zweiten und der Ersten Liga. Bei einem 6:2-Sieg in Liga zwei beim Karlsruher SC am 11. Februar 2011 schoss Raffael drei Tore und Ronny traf einmal. In diesem Duell schossen beide erstmals gemeinsam Tore für Hertha! Später, im März 2014, trafen sie gar in der Bundesliga als Gegner aufeinander: Raffael spielte für Mönchengladbach und Ronny für Hertha.
Die größte Karriere aller genannten Brüder schaffte Jérôme Boateng. Mit Deutschland wurde er 2014 Weltmeister! Mehr geht nicht.

Populärer Irrtum

Mega-Flop per TV

Es gibt Trainer, die beobachten Profis, die sie im Visier haben, mehrmals, bevor es zu einer Verpflichtung kommt. Oder sie schicken ihre Scouts zu Duellen, um den künftigen Protagonisten genau unter die Lupe zu nehmen. Nicht so Herthas Trainer Werner Fuchs im Jahr 1990.
Nach dem Aufstieg in die Bundesliga fahndete Hertha nach neuen, starken Spielern. Fuchs saß eines Tages vor dem heimischen Fernsehapparat, zappte durch die Programme und blieb plötzlich beim Spiel der holländischen Liga zwischen Fortuna Sittard und PSV Eindhoven hängen. Fortuna siegte 4:1 und der Engländer Mark Farrington schoss drei wunderschöne Tore. Fuchs bekam große Augen. „Den will ich haben, sofort!" sagte er spontan. Farrington kam zur Hertha und kostete 500.000 Mark an Ablöse. Niemand bei Hertha – weder Fuchs noch seine Assistenten, auch nicht die Scouts, hatten Farrington je live gesehen. Der Stürmer wurde zum Mega-Flop, kam zu neun Einsätzen, traf nie ins gegnerische Tor und wurde nach nur einem halben Jahr an Feyenoord Rotterdam verkauft. Fuchs hatte sich mächtig geirrt. Farrington ist bis heute der einzige Engländer, der je für Hertha in der Bundesliga gespielt hat …

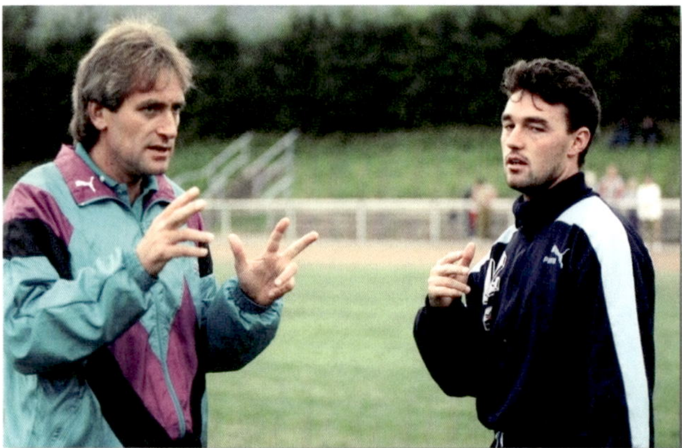

Trainer Werner Fuchs (l.) mit dem Engländer Mark Farrington

Eine Hose erobert die Fußballwelt

198 Mal stand der Ungar Gábor Király in der Ersten Bundesliga im Tor der Hertha. Von 1997 bis 2004 war er ein starker Rückhalt. Kurios: Mit einer kurzen Sporthose bekleidet, hat in Berlin Király allerdings niemand gesehen – weder auf dem Trainingsplatz noch bei einem Spiel im Olympiastadion. Ob Király überhaupt kurze Turnhosen besitzt, wurde nie bekannt. Dafür überraschte er alle mit seiner langen, grauen Schlabberhose, in der er zur Kultfigur aufstieg.

Schuld an dieser Geschichte war der Zeugwart seines Stammvereins Haladás Szombathely in der ersten ungarischen Liga. Der hatte vor einem Spiel mitten im Abstiegskampf im Jahr 1994 die schwarze Torwarthose des Keepers vergessen und nur eine ausgewaschene, graue Schlabberhose dabei. Király blieb nichts anderes übrig, als diese unansehnliche Hose anzuziehen. Doch welch Wunder! Haladás gewann neun Spiele in Serie und Király zog diese Hose nicht mehr aus.

Er trug das Modell später bei Hertha, in England und natürlich immer in der Nationalmannschaft, wo er mit 108 Länderspielen der Rekord-Internationale ist. Erst im Mai 2019 beendete er im Alter von 43 Jahren seine Karriere – nach 882 Spielen. Meist hatte er drei Schlabberhosen zur Auswahl im Gepäck. Im Shop seines eigenen großen Sportzentrums in Szombathely gibt es seit seinem 40. Geburtstag die Kollektion namens „K1RALY“ – mit T-Shirt, Tasche, Torwarthandschuhen – und natürlich Schlabberhose.

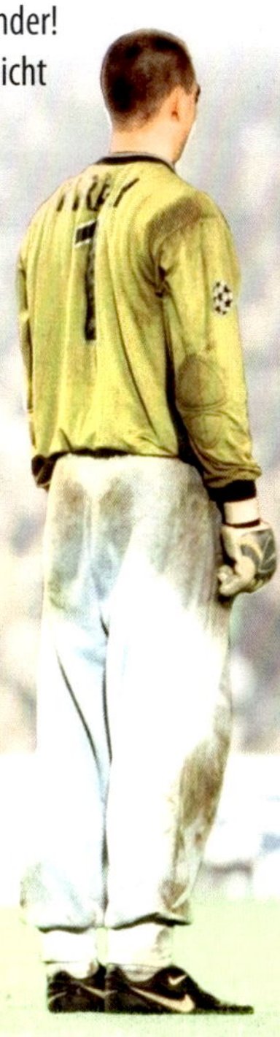

Hose und Keeper sind Kult:
Gábor Király

Populärer Irrtum

Der verschmähte Osten

Was wäre das für ein Angriffswirbel geworden? Die Hertha mit Andreas Thom und Thomas Doll im Sturm –zusammen mit Theo Gries und Uwe Rahn? Tore garantiert! Doch dazu kam es nicht, diese Vorstellung blieb lediglich ein Traum. Aber warum nur? Nach dem Aufstieg in die Bundesliga 1990/91 wollte sich Hertha endlich wieder als Gesamtberliner Verein präsentieren. Die Mauer war gefallen und die Chancen für Hertha, auch die einst verloren gegangenen Fans in Pankow, Lichtenberg oder Friedrichshain zurückzugewinnen, riesengroß. Die Anhänger in den Ostberliner Stadtbezirken sehnten sich nach dem großen Fußball, genauso wie ihre DDR-Stars. Von denen gab es gerade beim BFC Dynamo, dem Dauermeister, genug in der Stadt. Die Nationalspieler Thom, Doll oder Frank Rohde saßen auf den Tribünen des Olympiastadions und hofften auf Signale der Hertha. Doch es passierte – nichts! Derweil reiste Reiner Calmund, der gewiefte Manager von Bayer Leverkusen, mit dem Geldkoffer nach Berlin und holte Stürmer Thom als ersten DDR-Nationalspieler offiziell in die Bundesliga. Andere aus der Schar des BFC folgten Richtung Westen, etwa Doll und Rohde zum Hamburger SV oder Hendrik Herzog zu Schalke 04. Hertha aber ignorierte diese Spieler, die nur wenige Kilometer ostwärts lebten und schnell in anderen Bundesligaklubs eine zweite große Karriere machten. Berührungsängste der Offiziellen des Bundesligisten gegenüber dem ungeliebten BFC, der einst von den Sicherheitsorganen der DDR protegiert wurde, führten zu einem historischen Irrtum. Man setzte lieber auf alternde Stars aus dem Westen.
Am Saisonende war Hertha sang- und klanglos abgestiegen ...

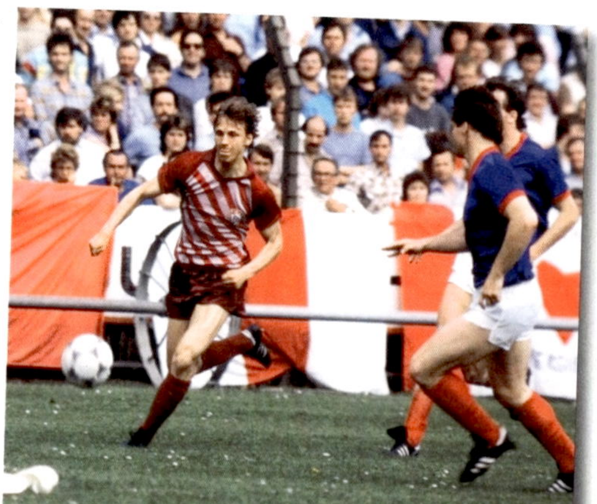

Kein Transfer zu Hertha 1990: Dynamo-Stürmer Andreas Thom

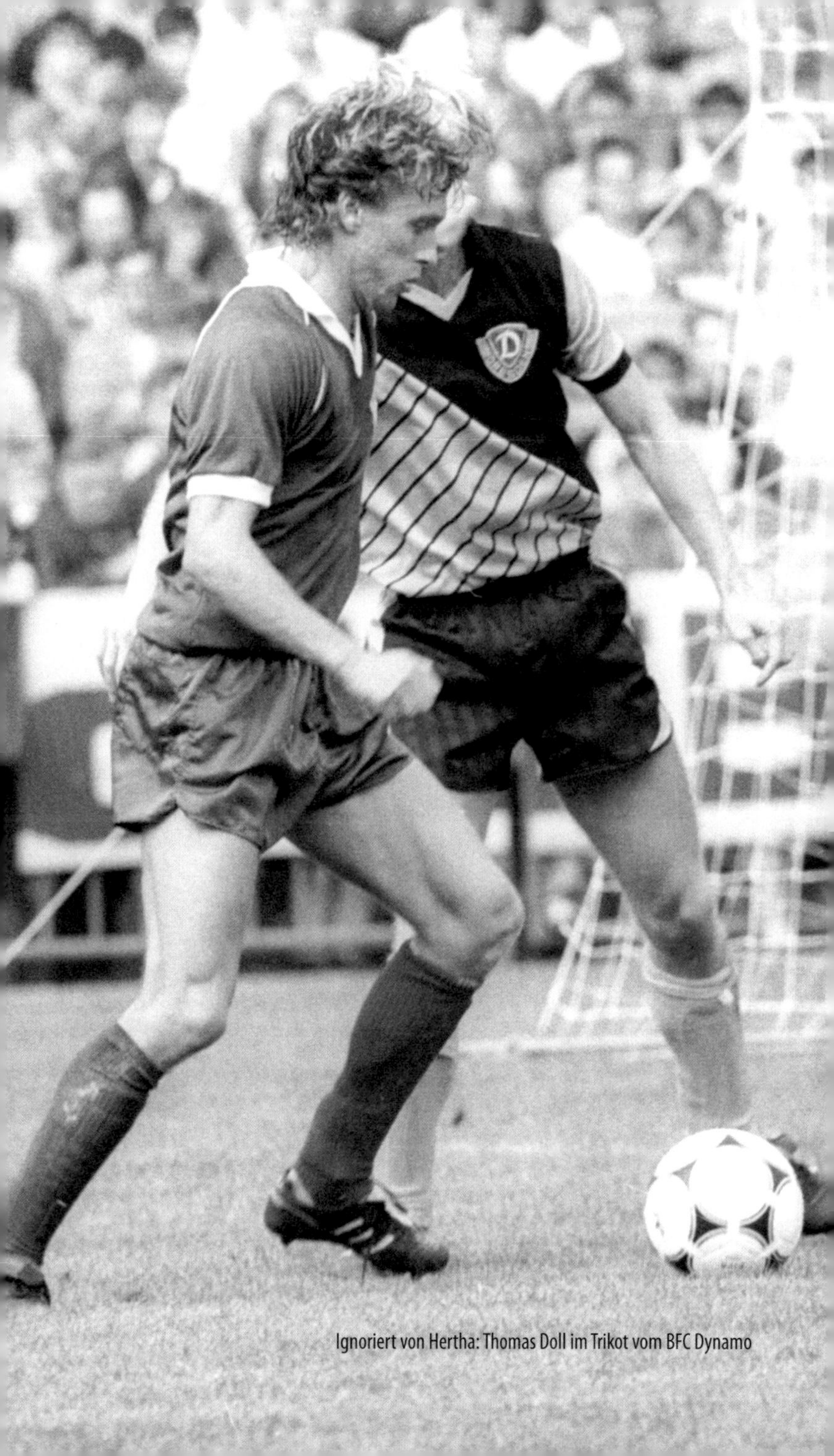

Ignoriert von Hertha: Thomas Doll im Trikot vom BFC Dynamo

Populärer Irrtum

Nur nach Hause geh'n wir nicht

Er ist ein beliebter Entertainer, Schlagerbarde, Maler, Anwalt der Obdachlosen der Stadt, Hertha-Fan und Schöpfer der Vereinshymne. In seinen besten Zeiten hätte er locker um das Amt des Regierenden Bürgermeisters von Berlin kandidieren können – mit großer Aussicht auf Erfolg. Frank Zander, Jahrgang 1942, ist ein Berliner Original – volksnah und bodenständig. Die Hertha-Hymne „Nur nach Hause geh`n wir nicht", 1993 entstanden, wird vor jedem Heimspiel im Olympiastadion gespielt. Entweder steht Zander live vor der gewaltigen Ostkurve oder die Hymne kommt vom Band. Gänsehaut ruft sie immer wieder hervor.

„Lieder kann man viele schreiben, aber Hymnen entstehen nur, wenn die Massen mitmachen", sagt Zander. Da die Hymne seit nunmehr 28 Jahren im Stadion gespielt und gesungen wird oder im Radio, auf CD`s und bei Streaming-Diensten zu hören ist, glauben viele Leute in Berlin, Frank Zander hätte sich mit dem Song eine goldene Nase verdient. Mit diesem gewaltigen Irrtum räumen wir hier auf.

Diese gefühlvolle Hymne ist weder im Stadion noch während einer Übertragung eines Hertha-Spiels am Fernseher im Hause Zander entstanden. Der Vorläufer der Hymne wurde am Strand von Ibiza geboren, als Zander Ende der 1980er Jahre mit der Gitarre den Song „Sailing" (Text und Music: Gavin Sutherland/gesungen von Rod Stewart) bei viel Rotwein zelebrierte. Da niemand der Zuhörer den Strand verlassen wollte, variierte Zander den Refrain in „Nur nach Hause geh`n wir nicht." Es wurde mit anderem Text zunächst ein Kneipenlied.

Erst durch den Siegeszug der Hertha-Amateure im DFB-Pokal 1993 kam Zander bei Hertha ins Spiel. Der Radiosender 100,6, damals Sponsor, erwartete zum Halbfinale gegen den Chemnitzer FC (2:1) am 31. März 1993 viele Familien im Olympiastadion und bat Zander, er solle auftreten und sich etwas einfallen lassen. Über Nacht textete Zander mit Hanno Bruhn das „Nur nach Hause …" um und sang es auf Hertha zugeschnitten live in der Halbzeitpause. Die Fans sangen begeistert mit. Die Hymne war geboren.

Dennoch hat der Künstler keinen Cent an diesem Hit verdient. Die Rechte an der Musik und sogar am deutschen Text liegen bei der Universal Music Publishing GmbH. Um den Song in irgendeiner Form überhaupt veröffentlichen zu können, musste Zander zustimmen, dass er und Bruhn nichts an der Hymne verdienen. Sämtliche GEMA-Tantiemen gehen an Universal Music und an den Original-Autoren bzw. dessen Rechtsnachfolger. Nur wenn Zander live im Stadion die Hymne singt, bekommt er von Hertha ein kleines Salär.
Der Entertainer ist nicht traurig, dass er nichts an der Hymne verdient hat. Er sagt voller Inbrunst: „Die Liebe und Zuneigung der Fans ist mir wichtiger!"

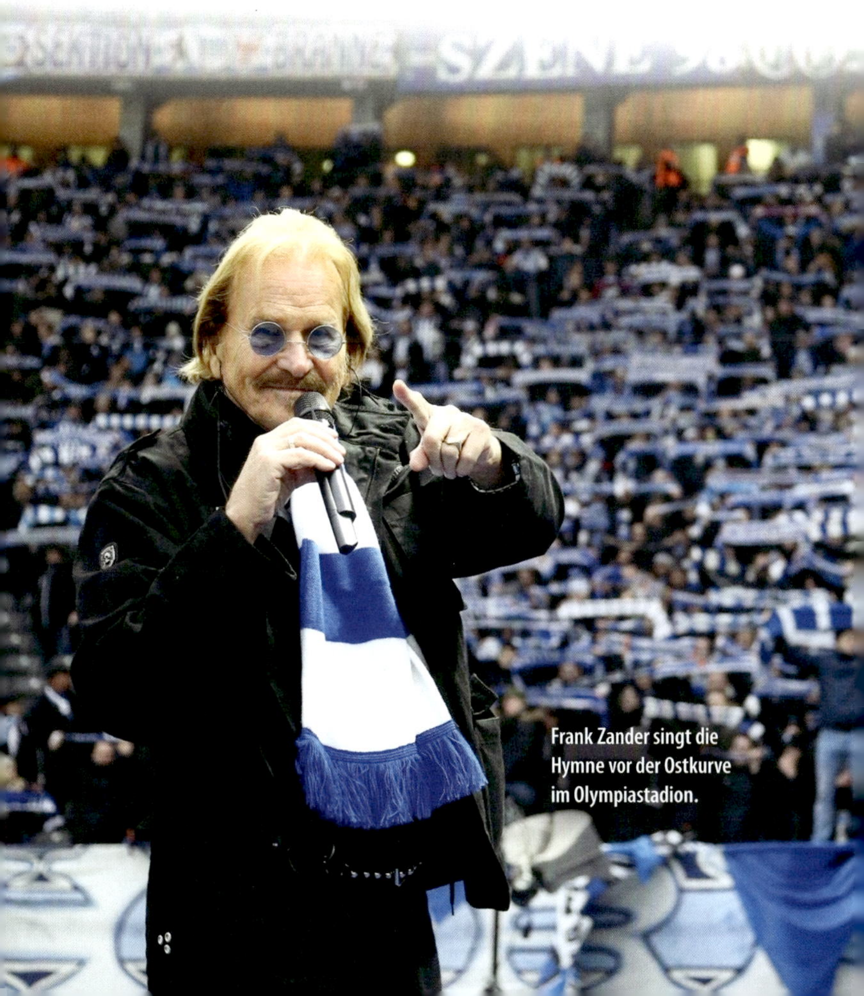

Frank Zander singt die Hymne vor der Ostkurve im Olympiastadion.

Aha

Okocha in Gummistiefeln

Ob Jay-Jay Okocha, der exzellente Dribbler und Trickser aus Nigeria, jemals im Berliner Wedding gewesen ist, ist nicht überliefert. Und ob er auf einem der vielen Bolzplätze, auch Fußball-Käfige genannt, vorbeigeschaut hat, gilt als unwahrscheinlich. Dennoch besitzt Okocha, der einst die Fans von Eintracht Frankfurt mit seinen technischen Kabinettstückchen verzauberte, einen gehörigen Anteil daran, dass ein Junge aus dem Wedding ein erfolgreicher, äußerst umstrittener und populärer Profi wurde.

Schauplatz war der Käfig in der Travemünder Straße, gelegen zwischen der belebten Badstraße und der verkehrsreichen Osloer Straße. Die Panke, ein kleines Flüsschen, schlängelt sich entlang des Parks, in dem der inzwischen berühmte Käfig steht – bis heute. Betonboden, zwei schiefe Tore mit alten Holzpfosten und ein in mehreren Meter Höhe gespanntes, sehr löchriges grünes Netz aus Nylon, das die Bälle aufhalten soll. Flogen die in hohem Bogen doch über den Käfig, hätten sie auch Junkies treffen können, die im Park ihren Geschäften nachgingen. Gleich um die Ecke wohnte einst Kevin-Prince Boateng. Stundenlang spielte er mit seinen Brüdern George und Jérôme auf Beton, meist bis in den späten Abend. Jahre später erzählte Kevin-Prince: „Der Käfig hat uns geprägt. Man musste sich durchsetzen, Mann gegen Mann. Ein harter Platz. Beton."

Und Okocha? Der kam ins Spiel, als Kevin-Prince Boateng gerade einmal sieben Jahre alt war und ein Scout von Hertha BSC am Käfig vorbeischaute, um die wilden Straßenfußballer zu beobachten. Boateng zeigte dabei mehrmals den berühmten „Okocha-Trick". Dabei wird der Ball mit der Hacke über den Kopf gelupft und vorne wieder weich aufgenommen. Die Gegenspieler werden düpiert und sehen dabei meist sehr alt aus. Auch andere Kinder beherrschten diesen Trick, den sie tagelang übten. Aber Kevin-Prince übertraf sie alle: er zeigte den Okocha aus Mangel an guten Turnschuhen tatsächlich in Gummistiefeln! Der Hertha-Scout bekam große Augen und war begeistert. Eine Welt-Karriere, wie viele Trainer bei Hertha glaubten, legte Boateng später nicht hin, aber eine große und schillernde Laufbahn wurde es allemal. Seine alten Gummistiefel wären reif fürs Fußball-Museum. Doch er hat sie längst entsorgt.

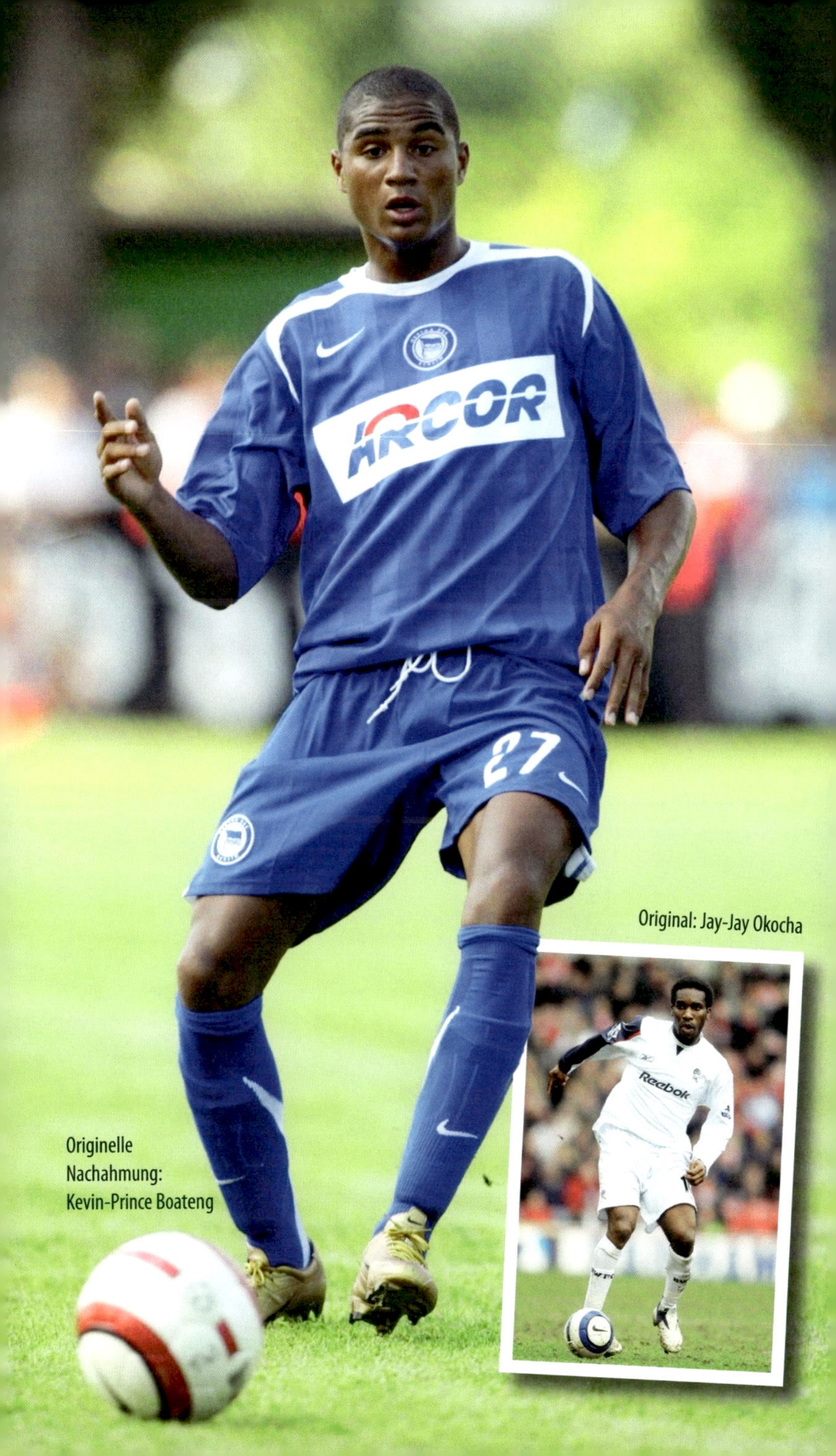

Originelle Nachahmung: Kevin-Prince Boateng

Original: Jay-Jay Okocha

Aha

Fehlschuss mit Folgen

Michael Preetz hat überall Tore geschossen. Der ehemalige Mittelstürmer thront noch immer unangefochten an der Spitze der internen Torjägerliste der Hertha. 84 Treffer gelangen ihm in der Ersten Bundesliga in 196 Einsätzen. Auch für Fortuna Düsseldorf (24 Tore), den 1. FC Saarbrücken (29), MSV Duisburg (21) und Wattenscheid 09 (64) traf Preetz, von 2009 bis Januar 2021 der Manager von Hertha. Zuhause steht die begehrte Torjägerkanone, weil er in der Saison 1998/99 mit 23 Treffern Schützenkönig der Bundesliga wurde – als bislang einziger Hertha-Profi. Doch ausgerechnet ein Fehlschuss des „Langen" ebnete ihm seine Karriere. In der Saison 1995/96 trafen am letzten Spieltag – am 8. Juni 1996 – in der Zweiten Liga im Lohrheidestadion Wattenscheid 09, das schon als Absteiger feststand, und Hertha aufeinander. Bei einer Niederlage wäre auch Hertha abgestiegen. Kurz vor Abpfiff – beim Stand von 0:0 – sahen die 1.000 Zuschauer, wie Preetz, damals noch Stürmer bei Wattenscheid, eine große Chance vergab. Dann war Schluss, 09 abgestiegen, Hertha gerettet und Preetz ohne Vertrag. Wochen später rief ihn Hertha-Coach Jürgen Röber an und lotste ihn nach Berlin. Dort wird er zur Legende. Was aber wäre passiert, wenn Preetz am 8. Juni 1996 getroffen hätte? Er sagte später lakonisch: „So dick war die Chance damals doch gar nicht …"

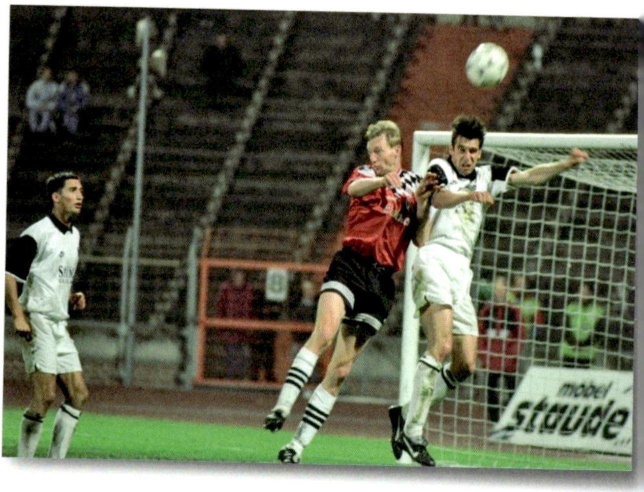

Michael Preetz (r.) im Trikot von Wattenscheid 09

Aha! Extra

Deckname Dikic

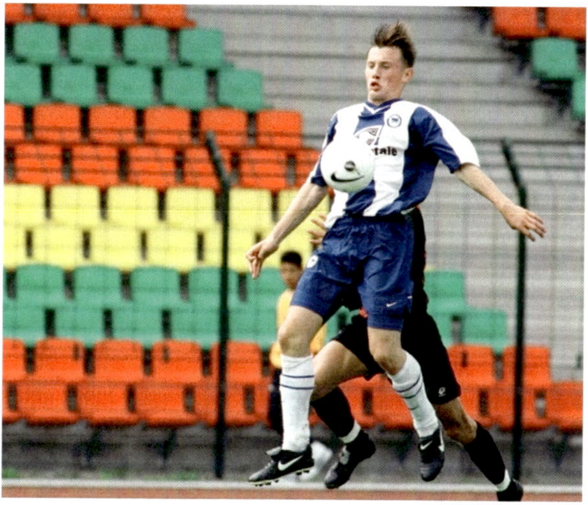

Ivica Olić im Hertha-Trikot

Eigentlich fehlten auf dem Berliner Maifeld – im Jahr 1998 noch Trainingsgelände der Hertha – am Rande nur noch die Männer in dunklen Ledermänteln und schwarzen Sonnenbrillen, alle mit einem Funkgerät bewaffnet. Denn das Probetraining für einen 19-jährigen Spieler vom kroatischen Provinzverein Marsonia Slavonski Brod sollte so geheim wie möglich über die Bühne gehen. Manager Dieter Hoeneß nannte den wenigen Berliner Journalisten, die Wind von der Übungsstunde bekommen hatten, den Namen des unbekannten Mannes mit den gewaltigen Säbelbeinen: Danko Dikic. Schnell stellte sich heraus: Das war gelogen, denn in Wahrheit hieß der Proband Ivica Olić. Dikic war lediglich der Name seines Beraters. Es seien zu viele andere große Vereine hinter dem Stürmer her, begründete Hoeneß sein kurioses Versteckspiel. Olić bekam einen Vertrag, kam aber nur zu zwei Kurzeinsätzen in der Bundesliga. Er wurde später zurückgeschickt in seine Heimat.
Ja, es ist genau dieser Olić, ein Schlitzohr als Angreifer, der später bei ZSKA Moskau, beim Hamburger SV, beim FC Bayern München und beim VfL Wolfsburg einschlug wie eine Bombe und Tore am Fließband schoss. Warum er damals zu schwach für Hertha war? Vielleicht weiß nur Danko Dikic die Antwort. Der aber wurde auf dem Maifeld nie gesehen.

Aha

Blau-Weiße Zahlenspiele

15

So viele Spieler von Hertha wurden nach dem Bundesliga-Skandal 1971 gesperrt.

210,9 km/h

Mit dieser Geschwindigkeit schoss der Brasilianer Ronny, der von 2010 bis 2016 bei Hertha spielte, ein Freistoßtor für Sporting Lissabon – Weltrekord.

374

Millionen Euro wird Unternehmer Lars Windhorst 2019 bis 2021 in Hertha investieren.

3,79

Sekunden. So schnell war Abwehrmann Marko Rehmer im 30-Meter-Sprint und galt damit 2001 auch als schnellster Nationalspieler.

52,10

Meter. Aus dieser Entfernung schoss der Brasilianer Alex Alves beim 4:2-Sieg der Hertha gegen den 1. FC Köln das „Tor des Jahres" 2000.

653

Sendungen produzierte das „Hertha-Echo – Radio von Fans für Fans" von 1989 bis 2019.

42

Europacupspiele absolvierte der Ungar Pál Dárdai für Hertha – Rekord.

111

Mal standen sich Hertha BSC und Tennis Borussia in Berliner Derbys gegenüber.

88.075

Zuschauer sahen am 26.9.1969 das Bundesligaspiel Hertha gegen den 1. FC Köln (1:0) im Berliner Olympiastadion – bis heute Ligarekord.

351

Pflichtspiele absolvierte Helmut Faeder von 1953 bis 1967 für Hertha und ist damit Rekordhalter.

356

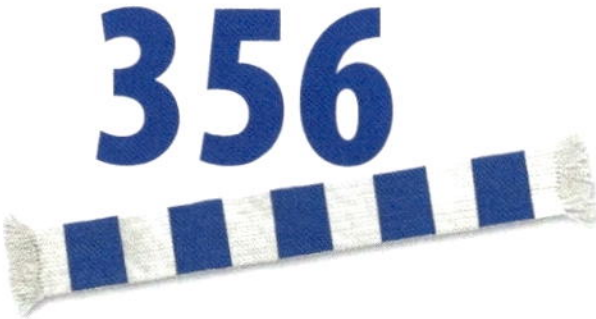

Fanklubs mit rund 10.300 Mitgliedern hatte Hertha im Jahr 2020.

188

Spiele stand Stürmer Mike Lünsmann für Hertha in der Zweiten Liga auf dem Platz – Vereinsrekord.

Aha

Mein lieber Schwan

Ob sich Robert Schwan, einst der erste Manager bei Bayern München und Berater von Franz Beckenbauer in seiner Zeit als Aufsichtsratschef der Hertha (1997–2000), auch mit turbulenten Ereignissen in der DDR-Fußball-Oberliga beschäftigt hatte, ist sehr unwahrscheinlich. Es hatte allerdings fast den Anschein, Schwan habe sich am 18. April 1998 – Hertha spielte in der Bundesliga bei 1860 München – einen ehemaligen Partei-Funktionär aus DDR-Zeiten zum Vorbild genommen. Hertha lag nach den ersten 45 Minuten 0:2 im Rückstand, als Schwan auf der Tribüne im Münchner Olympiastadion ein TV-Interview gab. „Selbstverständlich entlassen wir Trainer Röber!", rief Schwan in Mikrofon und Kamera, „und das sofort und achtkantig! Der muss weg!" Kopfschütteln bei Reportern und umstehenden Kiebitzen. Weiter Schwan: „Egal, was der Manager Dieter Hoeneß dazu sagt, das ist mir scheißegal!"
Röber war also in der Halbzeitpause entlassen worden. Der Trainer und der Manager wussten von nichts.
Den zweifelhaften Ruf, der erste Fußball-Funktionär gewesen zu sein, der seinen Coach nach 45 Minuten rausschmeißt, konnte Schwan aber nicht für sich reklamieren. Schon am 8. März 1975, in der DDR als Internationaler Frauentag begangen, verlor ein prominenter Trainer auf diese Weise seinen Job. Heinz Werner hieß der Coach des FC Hansa Rostock und er lag mit seiner Mannschaft schon 0:2 gegen den FC Carl Zeiss Jena zurück. Noch vor dem Halbzeitpfiff begab sich Harry Tisch,

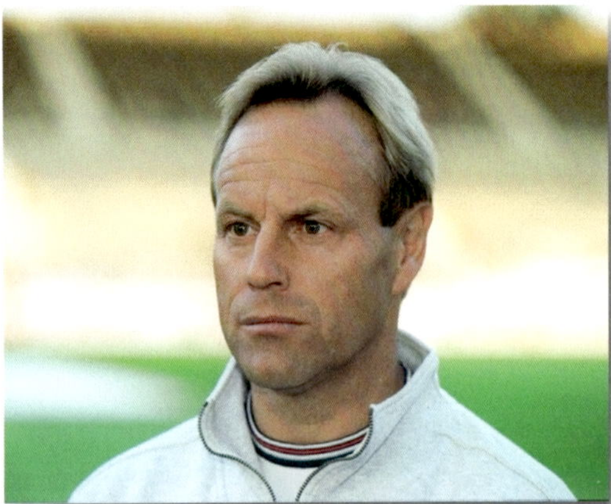

Doch nicht entlassen: Hertha-Trainer Jürgen Röber

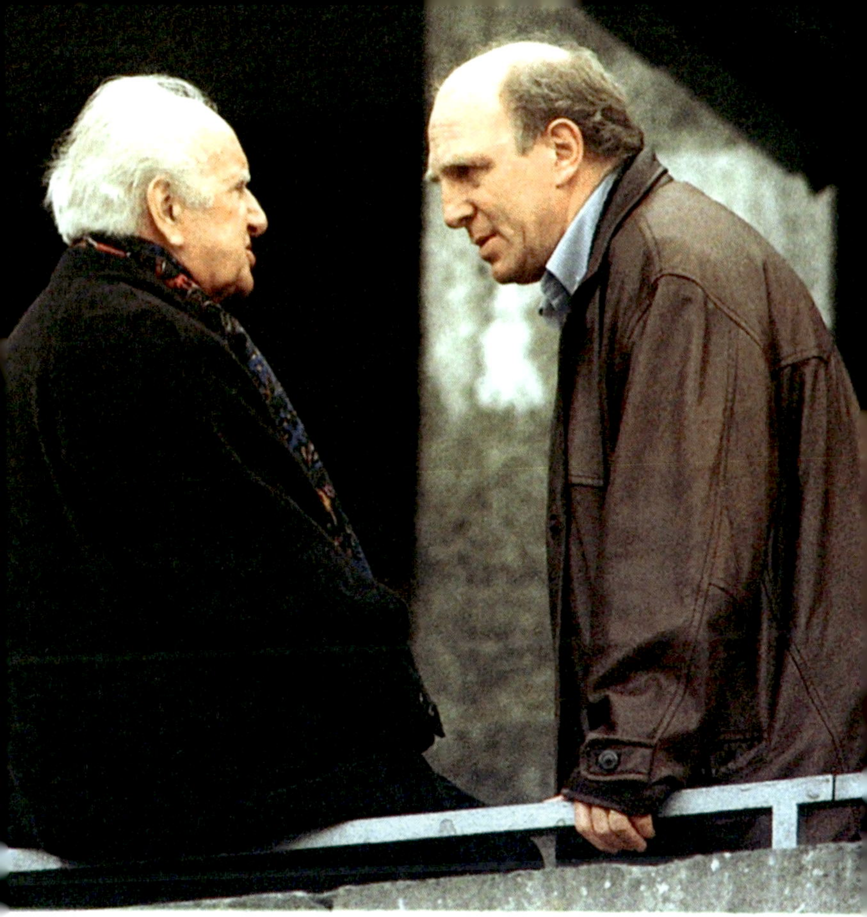

Nicht immer einer Meinung: Robert Schwan (l.) und Dieter Hoeneß

mächtiger 1. Sekretär der SED-Bezirksleitung Rostock und Hansa-Fan, von der Ehrentribüne hinunter zu Werner auf die Trainerbank.
Besser: Er torkelte, da er von einer Frauentagsfeier kam und dem Alkohol reichlich zugesprochen hatte. Tisch forderte den Trainer auf, zwei Spieler – den Torhüter und den Libero – auszuwechseln. Heinz Werner weigerte sich. „Dann schmeiß ich dich raus", rief Tisch. Eine Woche später war Werner auch offiziell entlassen.
Hertha BSC indessen unterlag damals bei 1860 München mit 1:3, aber Robert Schwan musste sich korrigieren. Nach einer Krisensitzung des Aufsichtsrates blieb Röber der Cheftrainer. Gott sei Dank! Ein Jahr später führte er Hertha in die Champions League.

Der Bayern-Verweigerer

Die Fußball-Familie Dárdai aus Ungarn ist nicht nur bekannt für unbändige Kampfkraft, oft auch rustikales Treiben auf dem Rasen und ihre Vorliebe für Gulasch und guten Rotwein. Sie gilt vor allem als Musterbeispiel für Vereinstreue. Eine Eigenschaft, die im schnelllebigen Profigeschäft immer seltener wird. Pál Dárdai Senior, der Vater von Herthas Pál Dárdai, spielte sein Leben lang bei MSC Pécs in der höchsten ungarischen Klasse, stieg dort zum beliebten Rekordspieler und zu einer Legende auf. Sein Sohn, der seine Kindheit in der Kabine von MSC Pécs verbrachte, eiferte ihm nach und ist bis heute mit 286 Bundesligaeinsätzen der unangefochtene Rekordspieler von Hertha BSC. Von 1997 bis 2011 hielt er als Profi den Berlinern die Treue, später als Trainer. Nur einmal, Ende 1999, schien er vor einem Vereinswechsel zu stehen, was kaum öffentlich wurde. Der große FC Bayern rief! Wer wollte da widerstehen? Pál Dárdai tat es. Und das kam so:

Franz Beckenbauer hatte den Mittelfeldmann beim 1:0-Sieg der Hertha gegen den AC Mailand in der Champions League gesehen und war sehr angetan von dessen Spielweise. Manager Uli Hoeneß packte den Geldkoffer, lockte fortan mit einem äußerst lukrativen Angebot und war sich seiner Sache sicher. Uli rief eines Tages seinen Bruder Dieter an, seines Zeichens Manager bei Hertha und sagte triumphierend: „Dieter, ich habe eine schlechte Nachricht für dich. Pál unterschreibt bei mir." Ein paar Tage später rief Dieter in München an: „Uli, ich habe eine schlechte Nachricht für dich. Pál hat bei mir für vier weitere Jahre unterschrieben."

Zwischen diesen Telefonaten gab es eine kuriose und filmreife Situation im Hause Dárdai. Frau Monika, einst Handball-Nationalspielerin in Ungarn, saß in der Küche und hatte Uli Hoeneß am Telefon. Nebenan im Wohnzimmer verhandelte Pál mit Dieter Hoeneß. Der Ausgang der „Telefon-Konferenz" ist bekannt. Pál blieb Herthaner und stieg in Berlin in eine neue Gehaltsklasse auf. Und – die Treue zu seinem Verein war größer als das ganz große Geld aus München. Eben typisch Familie Dárdai.

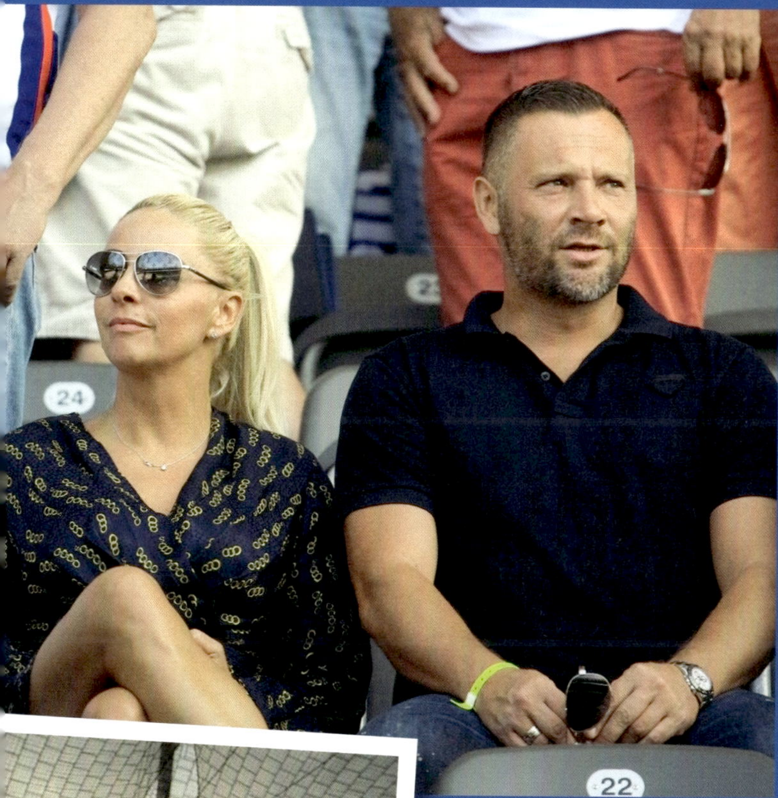

Doppelverhandlungen:
Monika und Pál Dárdai

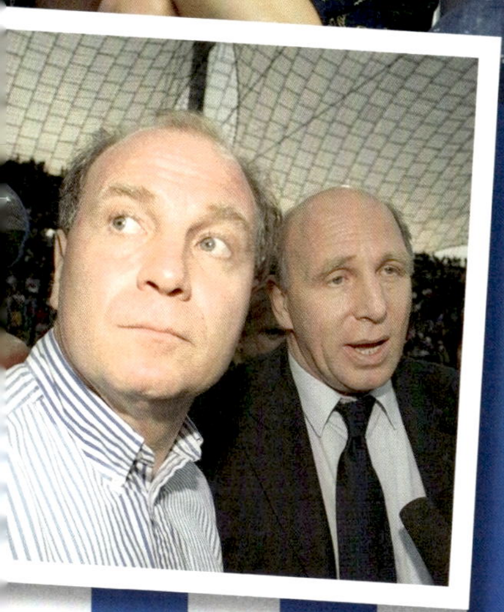

Bruderduell um Pál:
Uli (l.) und Dieter Hoeneß

Aha

Vermisst über den Wolken

Was wird nicht alles auf Flughäfen vergessen und stapelt sich danach im Fundbüro? Koffer, Uhren, Handys, Spielzeug, Jacken, Rollstühle, Brillen, Prothesen, Hunde, Katzen oder auch Reptilien … Aber auch Passagiere?
Hertha BSC hat Letzteres tatsächlich fertiggebracht. Es war Montag, der 13. September 1999 – ein historischer Tag in der Klubgeschichte. Zum ersten Mal startete die Mannschaft zu einem Spiel in der Champions League. Ziel: Istanbul, wo der vielmalige Meister der Türkei, Galatasaray Istanbul, als Gegner wartete. Geplante Flugzeit Berlin-Tegel in die Metropole am Bosporus: 2 Stunden und 50 Minuten. Hertha hatte eine Maschine der Schweizer Crossair gechartert. Pünktlich gegen 8.30 Uhr hob die Crossair 9242 ab. Ganz vorn, in Reihe eins, streckte Manager Dieter Hoeneß seine langen Beine aus. Daneben saß etwas blass Trainer Jürgen Röber, der kein guter „Flieger" war. Dahinter kamen die Spieler samt Betreuerstab und noch weiter hinten die Journalisten. Der Flug verlief ruhig, doch als die Maschine etwa über der bulgarischen Schwarzmeerküste flog, kam plötzlich Hektik auf. Ein TV-Team wollte ein Interview mit Jungstar Sebastian Deisler führen. Doch der Mittelfeldspieler und sein Freund und Teamkamerad, der US-Amerikaner Anthony Sanneh, waren nicht zu finden, die Plätze 12a und 12c leer. Die beiden Profis befanden sich weder auf der Toilette noch vorn in der Kanzel des Piloten. Und sie hatten sich auch nicht in der Bordküche versteckt. Hertha hatte beide Profis tatsächlich in Tegel vergessen!
Die beiden besaßen zwar Bordkarten, waren aber in Tegel in ein kleines Café gegangen, um einen Espresso zu trinken. Sie orientierten sich an der Abflugtafel an einer Maschine, die eine Stunde später nach Istanbul fliegen sollte.

Aber warum war ihr Fehlen nicht aufgefallen? Herthas Verantwortliche hatten ihre Spieler schlicht nicht gezählt. Premierenfieber vor dem Auftakt in der Königsklasse? Während des Fluges waren andere Profis vor allem wohl in eine Lektüre vertieft, die ihre 1:5-Niederlage beim Hamburger SV zwei Tage zuvor beschrieb und kritisierte. Die beiden Sitzenbleiber wurden nicht vermisst.
Sie flogen in einer normalen Linienmaschine von Berlin via Frankfurt/Main der Mannschaft hinterher. Mittelfeldspieler Andreas „Zecke" Neuendorf brachte die Situation später auf den Punkt: „Manager Dieter Hoeneß hat doch immer gesagt, er passt auf, dass der Deisler nicht abhebt!"

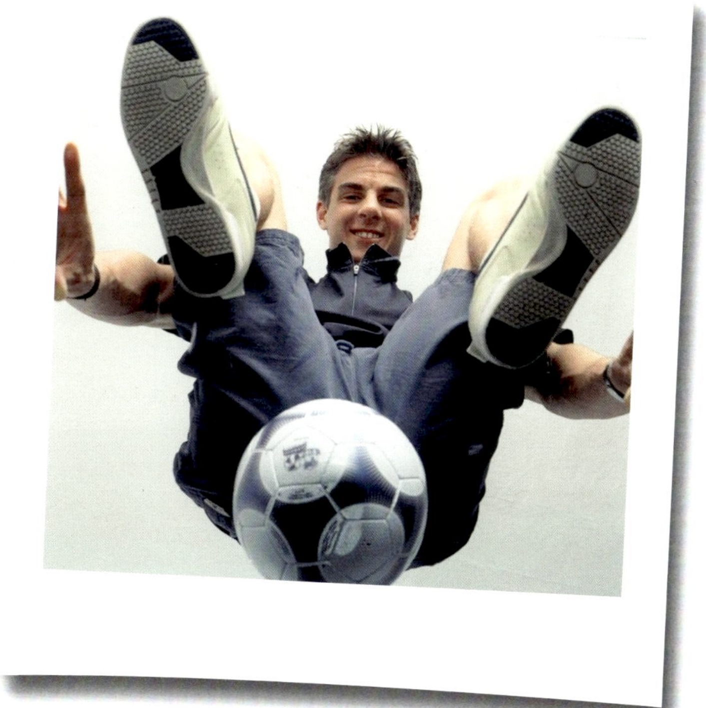

Sitzenbleiben statt abheben: Sebastian Deisler

Populärer Irrtum

Baron Münchhausen

Thorsten Malessa galt als begabter Torhüter, allerdings mit sportlichen Grenzen. Gut genug, um als Ersatzmann bei den Profis zu arbeiten und im Kasten der Amateure zu stehen. Doch Malessa dominierte im Januar 1999 die Schlagzeilen und gelangte zu ungeahnter Popularität. Der Keeper, 21 Jahre jung, hatte vollmundig und glaubwürdig erklärt, in der Süddeutschen Klassenlotterie (SKL) acht Millionen Mark gewonnen zu haben. Welch Glück!

Alle Medien – Tageszeitungen, Illustrierte und bekannte Magazine – rissen sich um die Story. Die „BZ" verkündete auf ihrer Titelseite „Hertha-Torwart gewinnt acht Millionen im Lotto" und lieferte schnell ein paar Tipps, wie Malessa das Geld verprassen könnte. „2.200 Jahre täglich Spaghetti beim Italiener essen" könne er für seinen satten Gewinn oder auch „Sechs Jahre Hertha-Trainer Jürgen Röber bezahlen". Hertha plante eine große Pressekonferenz mit Malessa. Doch die fiel ins Wasser. Der Keeper hatte nach einigen Tagen im Blitzlichtgewitter kleinlaut zugegeben, gelogen zu haben. Alle, die Malessa als Glückpilz feierten, hatten sich geirrt. Der Torhüter verließ Hertha nach der Saison. Ob er nochmal bei seinem Lieblings-Italiener zum Spaghetti-Essen war, ist nicht bekannt.

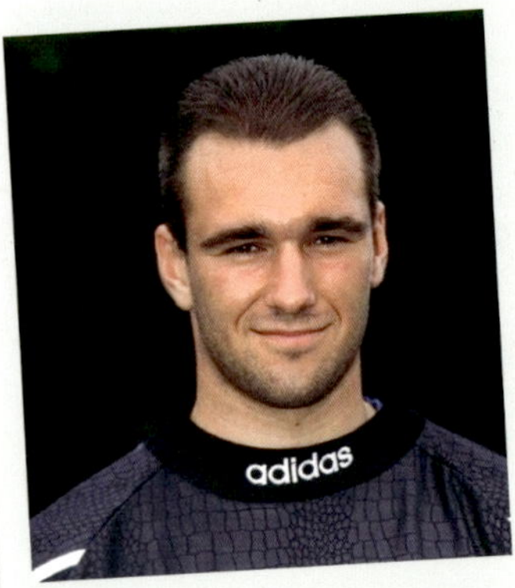

Falscher Lotto-Millionär: Thorsten Malessa

Champion mit Fell

Kann ein mächtiger Braunbär tatsächlich Fußball spielen? Ja, er kann. Den Beweis liefert ein 2,35 Meter großer Bär, der stattliche 133 Kilogramm auf die Waage bringt. Am 26. Mai 2003 fand eine historische Leistung ihre Bewunderer. In einem Testspiel der Profis von Hertha BSC beim FSV Bennstedt im Hallenser Kurt-Wabbel-Stadion (Sachsen-Anhalt) wechselte Cheftrainer Huub Stevens einen Herthaner namens Herthinho ein. In der 86. Minute kam der Bär mit der Rückennummer 92 für Torjäger Michael Preetz auf den Rasen. 4.858 Zuschauer sahen einen 7:1-Sieg der Hertha.

Im schweren Bärenkostüm steckte ein durchtrainierter Mann. Herthinho, ein brasilianischer Braunbär, ist seit 1999 der Maskottchen von Hertha BSC. In Halle durfte zum ersten Mal ein Vereinsmaskottchen bei einem offiziellen Freundschaftsspiel zum Einsatz kommen. Hertha zeigte sich wieder einmal als Vorreiter. Das populäre Maskottchen animiert bei Heimspielen das Publikum, zeigt Kunststücke, fährt Motorrad oder schwebt auch mal am Fallschirm ins Stadion ein. Die Animateure im Bärenfell holten sich einst Anregungen im US-amerikanischen Profisport. Herthinho hat allen Profis mehrerer Generationen bei Hertha etwas ganz Großes voraus: 2003 und 2004 siegte er bei der deutschen Maskottchen-Meisterschaft. Ein wahrer Champion!

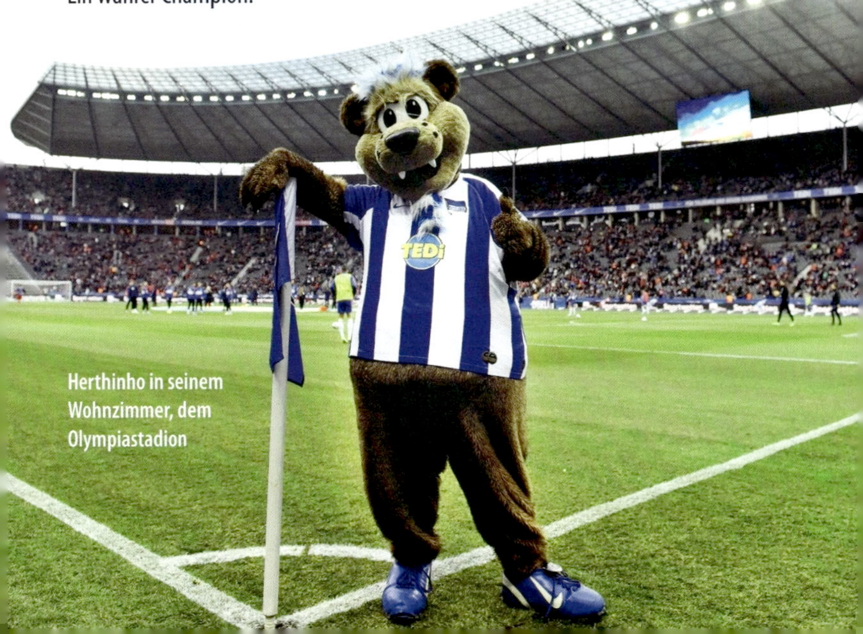

Herthinho in seinem Wohnzimmer, dem Olympiastadion

Tops und Flops und legendäre Spiele

Aus 128 Jahren Vereinsgeschichte die legendärsten Duelle herauszufiltern, ist eine Mammutaufgabe. Genauso verhält es sich mit den wichtigsten Top-Spielen und den Duellen, die in die Kategorie Flops gehören. Ich habe drei Ranglisten mit je zehn Begegnungen erstellt, die natürlich stark subjektiv gefärbt sind.

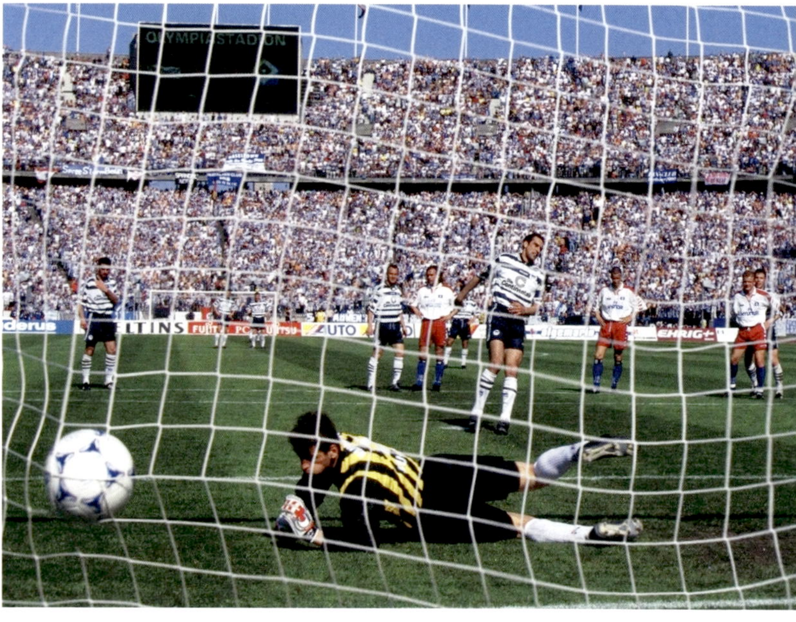

Michael Preetz verwandelt gegen den Hamburger Keeper Jörg Butt. Das 6:1 gegen den HSV am 29. Mai 1999 bedeutet die erstmalige Qualifikation zur Champions League.

Legendäre Spiele

22.06.1930, Rheinstadion Düsseldorf, Endspiel um die Deutsche Meisterschaft
Hertha BSC – Holstein Kiel 5:4
Erster Meistertitel. Hertha holt einen 0:2-Rückstand auf und dreht das Spiel.

14.06.1931, Müngersdorfer Stadion Köln, Enspiel um die Deutsche Meisterschaft
Hertha BSC – TSV 1860 München 3:2
Zweiter Meistertitel. Zwei Treffer durch Kapitän Hanne Sobek.

24.08.1963, Olympiastadion Berlin, Bundesliga-Auftakt
Hertha BSC – 1. FC Nürnberg 1:1
Erstes Bundesligaspiel nach Gründung der Liga vor 50.000 Zuschauern.

26.09.1969, Olympiastadion Berlin, Bundesliga
Hertha BSC – 1. FC Köln 1:0
88.075 Fans bedeuten einen bis heute gültigen Zuschauerrekord der Liga.

18.04.1970, Olympiastadion Berlin, Bundesliga
Hertha BSC – Borussia Dortmund 9:1
Höchster Hertha-Sieg in der Bundesliga mit vier Toren von Wolfgang Gayer.

25.04.1979, Olympiastadion Berlin, UEFA-Cup-Halbfinale
Hertha BSC – Roter Stern Belgrad 2:1
Riesenkampf der Hertha, die aber nach 0:1 in Belgrad das Finale verpasst.

11.11.1989, Olympiastadion Berlin, Zweite Bundesliga
Hertha BSC – Wattenscheid 09 1:1
Zwei Tage nach dem Fall der Mauer das erste Spiel mit Fans aus Ost und West.

27.01.1990, Olympiastadion Berlin, Freundschaftsspiel
Hertha BSC – 1. FC Union Berlin 2:1
Erstes Duell der beiden Stadtrivalen nach 28 Jahren vor 52.000 Fans.

07.04.1997, Olympiastadion Berlin, Zweite Bundesliga
Hertha BSC – 1. FC Kaiserslautern 2:0
Aufstiegseuphorie mit 75.000 Zuschauern in der ausverkauften Arena.

23.11.1999, Olympiastadion Berlin, UEFA Champions League
Hertha BSC – FC Barcelona 1:1
Das Duell findet bei dichtem Nebel statt und steht kurz vor dem Abbruch.

Flop

05.06.1971, Olympiastadion Berlin, Bundesliga
Hertha BSC – Arminia Bielefeld 0:1
Herthas Niederlage hat schwere Folgen. Die Spieler nehmen danach Bestechungsgelder an. Der Bundesligaskandal nimmt seinen Lauf.

11.6.1976, Olympiastadion München, Bundesliga
FC Bayern München – Hertha BSC 7:4
Torreichstes Spiel der Hertha in der Liga. Gerd Müller trifft fünfmal, Herthas Detlev Szymanek dreimal binnen sieben Minuten.

30.01.1980, Stadion Langerwehe, DFB-Pokal
TuS Langerwehe – Hertha BSC 2:1
Hertha blamiert sich kräftig und scheidet aus dem Pokal aus.

01.09.2002, Holstein-Stadion Kiel, DFB-Pokal
Holstein Kiel – Hertha BSC 4:1 nach Elfmeterschießen
Pinto, Schmidt und Hartmann versagen beim Elfmeterschießen. Aus für Hertha.

03.12.2003, Weser-Stadion Bremen, DFB-Pokal
Werder Bremen – Hertha BSC 6:1
Hertha geht unter und Trainer Huub Stevens wird entlassen.

30.10.2007, Stadion am Zoo Wuppertal, DFB-Pokal
Wuppertaler SV – Hertha BSC 2:0
Blamage für Berlin und den neuen Trainer Lucien Favre.

23.05.2009, Wildpark-Stadion Karlsruhe, Bundesliga
Karlsruher SC – Hertha BSC 4:0
Hertha verspielt beim als Absteiger feststehenden KSC die Qualifikation für die Champions League.

05.02.2011, Olympiastadion Berlin, Zweite Bundesliga
Hertha BSC – 1. FC Union Berlin 1:2
Hertha verliert das Stadtderby und Unions Torsten Mattuschka steigt nach seinem Siegtreffer zum Derby-Helden auf.

17.03.2012, Olympiastadion Berlin, Bundesliga
Hertha BSC – FC Bayern München 0:6
Böse Blamage unter Trainer Otto Rehhagel, der Abstieg rückt näher.

15.05.2012, Rheinstadion Düsseldorf, Bundesliga, Relegation
Fortuna Düsseldorf – Hertha BSC 2:2
Skandalspiel. Nach einem 1:2 in Berlin muss Hertha absteigen, obwohl das Rückspiel unter irregulären Bedingungen zu Ende geht, als Fortuna-Fans den Platz stürmen.

Top

23.06.1968, Olympiastadion Berlin,
Aufstiegsspiel zur Bundesliga
Hertha BSC – SV Alsenborn 1:1
80.000 Zuschauer feiern frenetisch den Wiederaufstieg.

01.02.1975, Olympiastadion Berlin, Bundesliga
Hertha BSC – FC Bayern München 4:1
Zweimal trifft Erich Beer, Franz Beckenbauer unterläuft ein Eigentor.

31.03.1993, Olympiastadion Berlin, DFB-Pokal, Halbfinale
Hertha BSC/Amateure – Chemnitzer FC 2:1
56.000 Fans feiern die Hertha-Bubis. Frank Zander singt zum ersten Mal live im Stadion die Hymne „Nur nach Hause geh'n wir nicht".

12.06.1993, Olympiastadion Berlin, DFB-Pokal, Finale
Hertha BSC/Amateure – Bayer Leverkusen 0:1
Berlin liebt seine jungen Hertha-Bubis, feiert sie auch nach der knappen Niederlage.

22.05.1997, Stadion am Sportpark Unterhaching, Zweite Bundesliga
Spvgg. Unterhaching – Hertha BSC 1:2
Hertha gelingt nach 1991 endlich der Wiederaufstieg in die Bundesliga.

29.05.1999, Olympiastadion Berlin, Bundesliga
Hertha BSC – Hamburger SV 6:1
Hertha erreicht die Champions League und Michael Preetz trifft dreimal.

20.10.1999, Olympiastadion Berlin, Champions League
Hertha BSC – AC Mailand 1:0
Durch einen Treffer von Dariusz Wosz schlägt Hertha den großen AC Milan.

28.10.2003, Ostseestadion Rostock, DFB-Pokal
FC Hansa Rostock – Hertha BSC 5:6 nach Elfmeterschießen
Großes Drama mit Happy End für Hertha und Trainer Huub Stevens, der nach einer Niederlage entlassen worden wäre.

14.02.2009, Olympiastadion Berlin, Bundesliga
Hertha BSC – FC Bayern München 2:1
Stürmer Andrej Woronin trifft zweimal und macht Hertha zum Tabellenführer.

16.05.2020, Arena Hoffenheim, Bundesliga
TSG 1899 Hoffenheim – Hertha BSC 0:3
Erstes Geisterspiel für Hertha in der Corona-Krise und erstes Spiel für Bruno Labbadia als Hertha-Trainer.

Aha

Krickelkrakel in Öl

Wer kennt eigentlich den Vornamen von „Zecke" Neuendorf? Klaus? Peter? Oder Wolfgang? Nein, natürlich trägt der ehemalige Bundesliga-Profi und heutige Co-Trainer von Pál Dárdai bei den Hertha-Profis den schönen und zeitlosen Vornamen Andreas. Doch niemand ruft ihn so. Wohl nicht einmal seine Familie.

Seit 1995 ist der einstige kampfstarke Mittelfeldmann als „Zecke" Neuendorf unterwegs und populär. Und das kam so: Als Neuendorf bei Bayer Leverkusen unter Vertrag stand, hatte Trainer Erich Ribbeck einen Waldlauf angesetzt. Dort biss eine Zecke den Jung-Profi in die Kniekehle. Er musste ins Krankenhaus und bekam eine Blutvergiftung. Als er wieder fit war und bei seinem ersten Training nach dem Vorfall eintraf, rief Stürmer Ulf Kirsten: „Da ist die Zecke wieder!" Ab sofort nannte ihn jeder nur noch „Zecke".

Neuendorf, der in seiner Kindheit wegen seiner Haarfarbe auch „Pumuckl" gerufen wurde, war begeistert von seinem Spitznamen und dem Dasein als „Zecke" und wollte ihn unbedingt auf seinem Trikot in der Bundesliga tragen. Inspiriert war er von seinem Teamkameraden Marcelinho, der ja mit vollem Namen Marcello dos Santos Paraíba heißt. Was tun?

Die Deutsche Fußball-Liga (DFL) und der Deutsche Fußball-Bund (DFB) standen dem Ansinnen total ablehnend gegenüber. Auf dem Trikot durfte nur der echte Name oder ein Künstlername stehen – wie bei den Brasilianern üblich.

Aber wie wurde aus dem Ballkünstler, der auf dem Rasen eher rustikal unterwegs war, ein richtiger Künstler?

Zecke griff zu einem Kunstgriff. Mit Hilfe seiner Frau, die auch eine Staffelei besaß, griff er kurzerhand zu Farbe und Pinsel. Er fabrizierte zwei Ölgemälde, denen er die Titel „Gesicht 2001" und „Krickelkrakel 2001" gab. Letzteres passte wie die Faust aufs Auge! Schlau wie „Zecke" war (und ist), versteigerte er die Bilder auf der Homepage des Vereins für einen guten Zweck. Das mediale Echo war riesengroß. Mit Hilfe zahlreicher Presseberichte konnte er nachweisen, künstlerisch tätig zu sein. „Zecke" wurde bei der Polizei sowie der Pass- und Ausweisstelle in Berlin vorstellig. Schließlich wurde der Name „Zecke“ als sein Künstlername im Ausweis eingetragen. Der Weg auch in den Fußball war nun frei. Der DFB und die DFL mussten schließlich zähneknirschend zustimmen. Zecke lief als Zecke in der Liga auf. Andreas „Zecke“ Neuendorf ist auch bis heute populär geblieben und sicher auch ein Lebenskünstler.

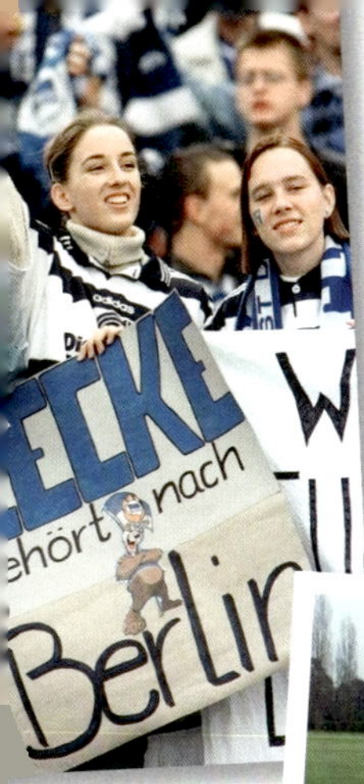

Liebling der Fans: „Zecke“ Neuendorf

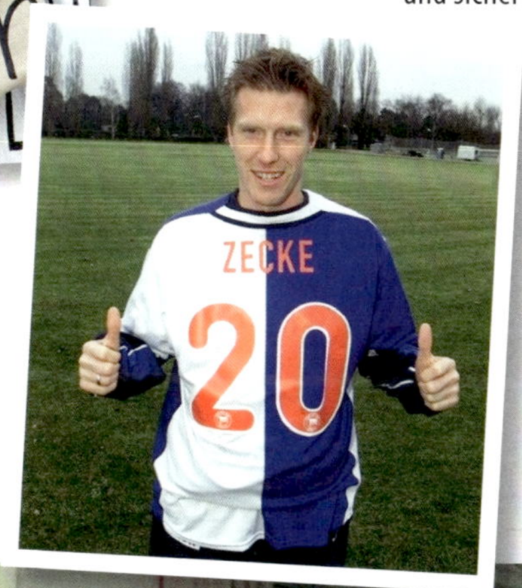

Stolz auf den neuen Trikotschriftzug

„Zecke“ Neuendorf mit seinen ersten beiden Kunstwerken

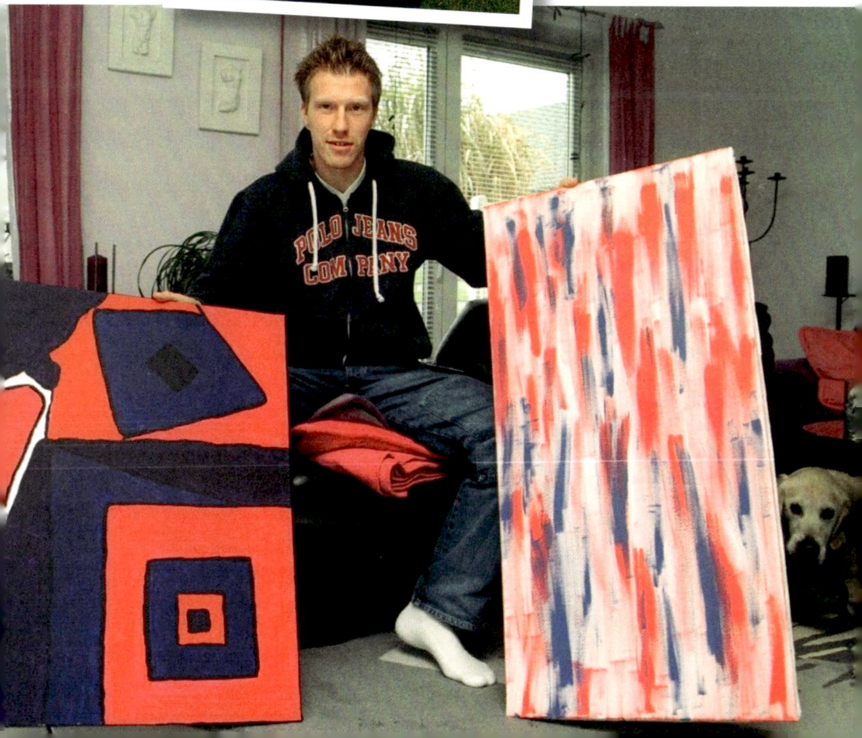

Bilder zum Träumen

Sie sind oft spektakulär, einzigartig sowieso und sie provozieren auch gerne: die beeindruckenden Choreografien der Fans. Bei Hertha BSC werden diese in der mächtigen Ostkurve gezeigt oder besser: aufgeführt. Rund 7.000 Fans haben dort ihren Stammplatz, die dann auf Anweisung der Anführer diszipliniert ihren Anteil an der Entstehung der Bilder haben. Wenn die Choreografien gezeigt werden, staunt das komplette Olympiastadion und spendet tosenden Beifall. Solche Choreografien, solch bunte Mosaikbilder zu bauen, kostet enorm viel Zeit und Arbeit. Bei Hertha sind es vor allem die Harlekins Berlin `98, die in der Kurve sehr aktiv sind und zum „Förderkreis Ostkurve" gehören. Oft wird wochenlang an riesigen Choreografien gearbeitet, die ein wunderbares und stimmungsvolles Bild ergeben. Die Ostkurve ist das Epizentrum des Olympiastadions und für die gesamte Stimmung verantwortlich.

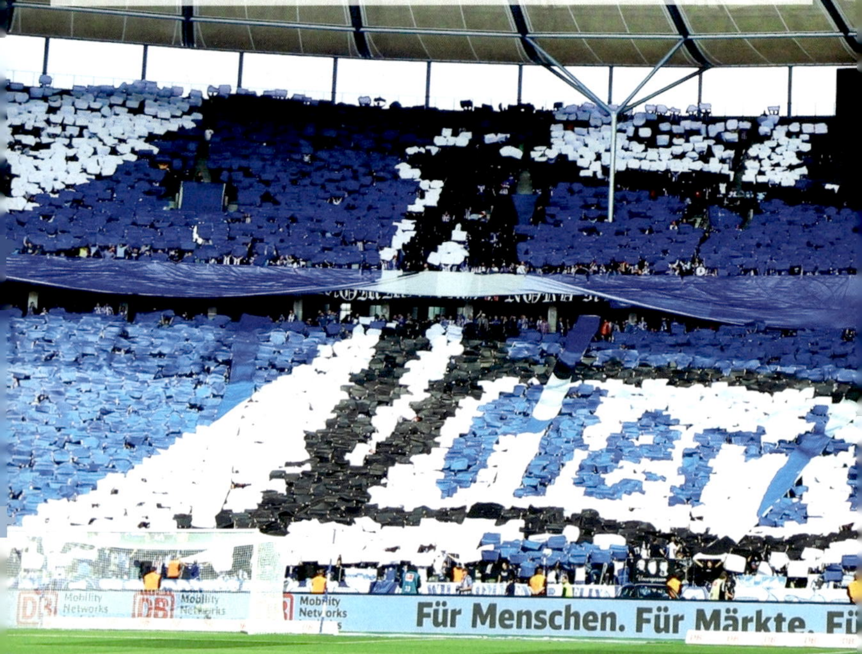

Choreografie vom 23. August 2014
beim Spiel gegen Werder Bremen (2:2)

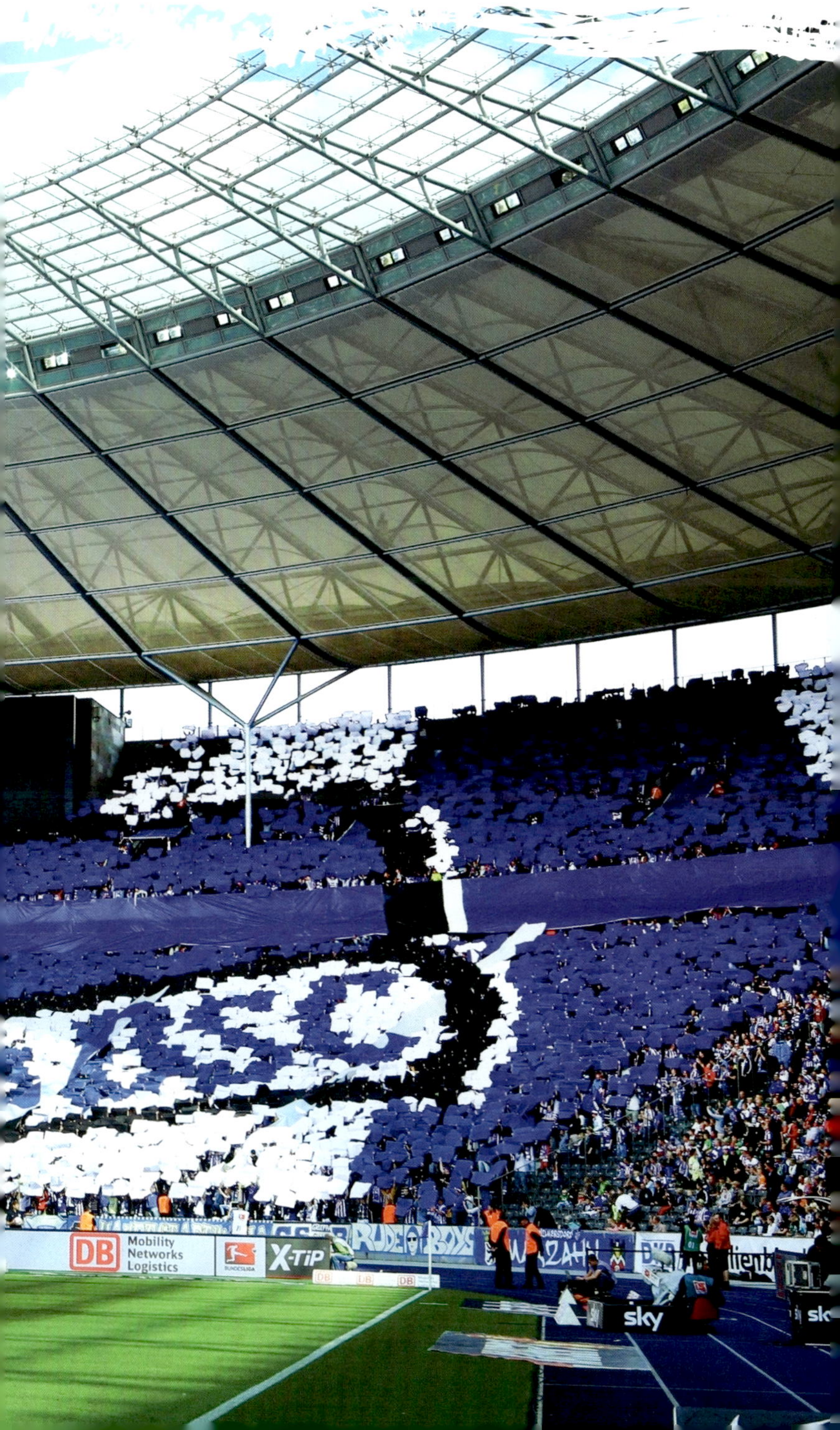
DB
Mobility
Networks
Logistics
X-TiP
sky

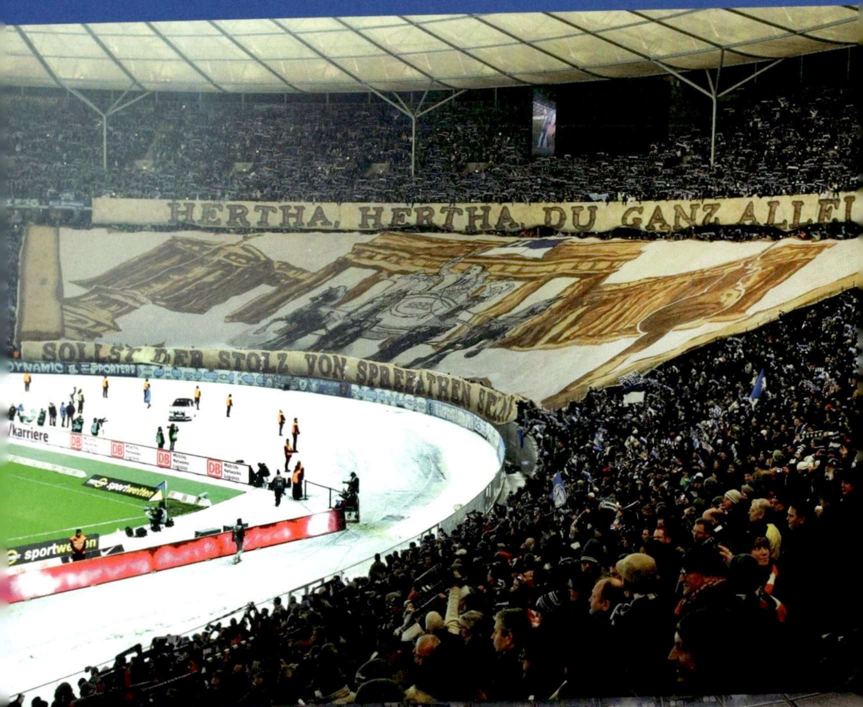

Choreografie vom 11. Februar 2013 beim Spiel gegen den 1. FC Union (2:2/2. Liga)

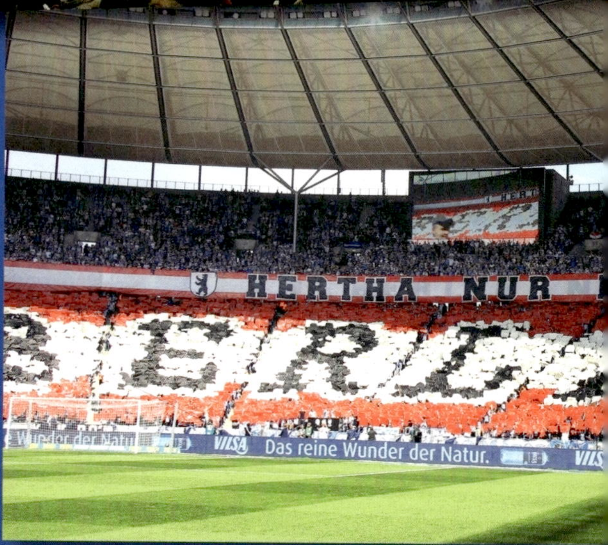

Choreografie vom 18. Mai 2019 beim Spiel gegen Bayer Leverkusen (1:5)

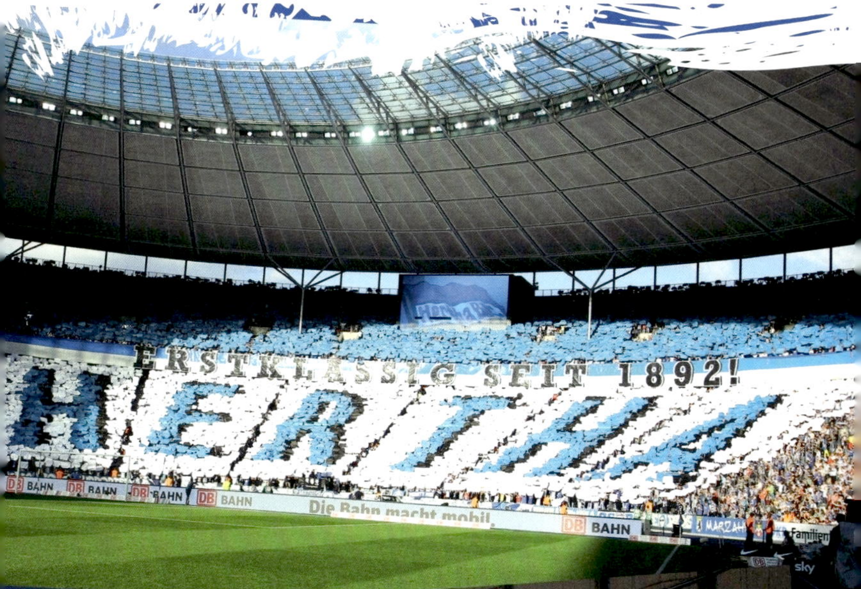

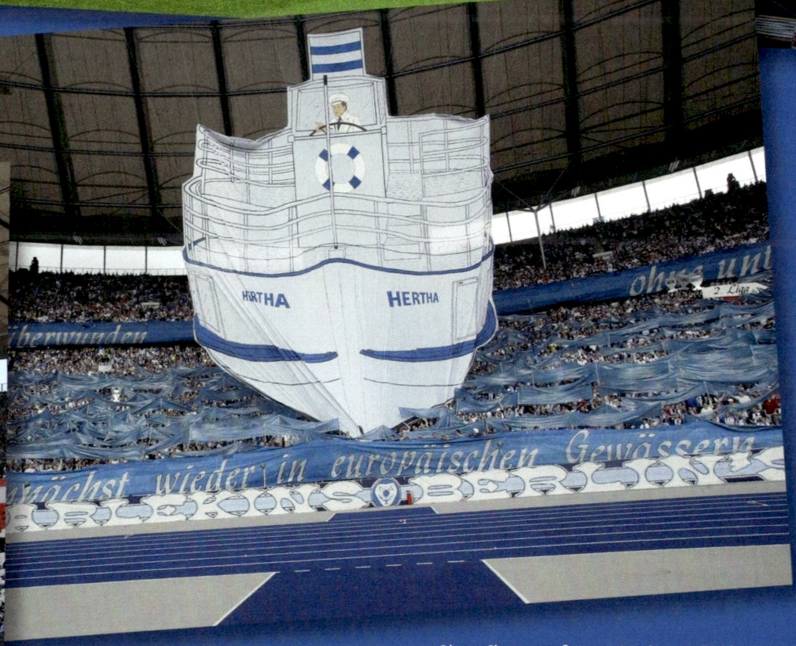

Choreografie vom 21. Mai 2005
beim Spiel gegen Hannover 96 (0:0)

Oben: Choreografie vom 24. August 2013
beim Spiel gegen den Hamburger SV (1:0)

Wie im Film

Spieglein, Spieglein an der Wand – wer ist der Schönste im ganzen Land? Es war im Jahr 2000, als eine bekannte Sportzeitschrift in einer Umfrage den „schönsten Trainer" suchte. Eine gewagte Geschichte. Bei der Kür des Fußballtrainers kam plötzlich der weltbekannte US-amerikanische Schauspieler Robert Redford ins Spiel. Im Film „All President`s Men" (Die Unbestechlichen) stellte er den Reporter Bob Woodward von der „Washington Post" dar. Der deckte zusammen mit Carl Bernstein, gespielt von Dustin Hoffmann, den Watergate-Skandal auf. Danach musste US-Präsident Richard Nixon zurücktreten.
Und nun folgt die Überraschung: Zum „schönsten Trainer" wurde gekürt – Trommelwirbel und Tusch – Hertha-Trainer Jürgen Röber! In der Begründung hieß es: „Röbers Gesichtsproportionen stimmen. Auf dem Porträt könnte er durchaus einen Filmstar darstellen. Er ähnelt Robert Redford." Dem Trainer, so war zu erfahren, gefiel dieser Vergleich durchaus sehr. Zu einer zweiten Karriere im Filmgeschäft hat es aber nicht mehr gereicht.

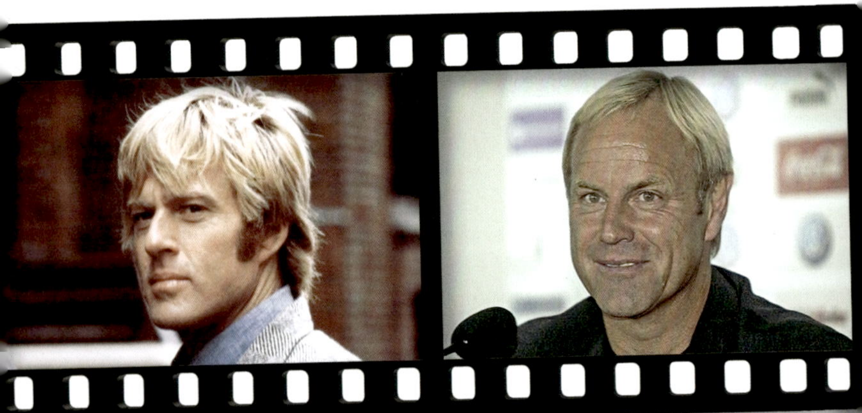

Nicht verwandt oder verschwägert: Schauspieler Robert Redford und Trainer Jürgen Röber

Brisante Ente

Felix Magath galt als Schleifer, der die Spieler gern mit Medizinbällen traktierte. Herthas Profis blieb er als Trainer erspart, doch eines Tages gab es heftige Schreckmomente. Im April 2007 hatte sich Hertha von Trainer Falko Götz getrennt und Amateurcoach Karsten Heine übernahm. Unter Heine siegte die Mannschaft mit 3:1 beim VfL Bochum. Nur wenige Tage danach lief in der ARD die abendliche Übertragung des Halbfinales im DFB-Pokal zwischen Nürnberg und Frankfurt. Kurz vor Schluss blendete die ARD ein Meldungslaufband ein – eine seltene Maßnahme. „Felix Magath ab 1.7.2007 neuer Trainer bei Hertha BSC" lief über die Bildschirme. 6,13 Millionen Zuschauer verfolgten die Nachricht. Die Aufregung war groß bei Hertha. Erst die Deutsche Presse-Agentur (dpa) machte dem Spuk eine Stunde vor Mitternacht ein Ende. Die Agentur hatte Magath erreicht, der umgehend dementierte. Wie sich später herausstellte, hatte sich eine unbekannte Person beim federführenden Sender, dem Bayerischen Rundfunk, gemeldet und sich als Assistent von Herthas Pressechef Hans-Georg Felder ausgegeben. Der Mann gab die vermeintliche Neuigkeit weiter, die ungeprüft in den Ü-Wagen und auf den Sender gelangte. Felix Magath aber ist nie Trainer von Hertha BSC geworden. Die Meldung war eine Ente.

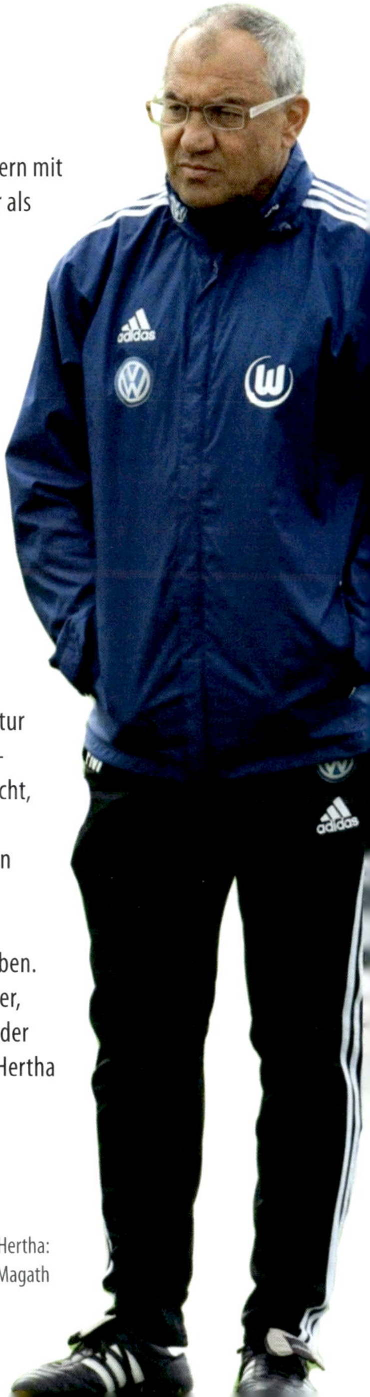

Nie Trainer bei Hertha:
Felix Magath

Aha! Extra

Ein Fall für Zwei

Wie kommt man dem sportlichen Erfolg dauerhaft auf die Spur? Bei Hertha gelang das oft nicht besonders gut oder zu spät oder auch gar nicht. Dabei gibt es in der Mitgliedschaft des Klubs gleich zwei äußerst erfolgreiche Spürnasen, einen Kommissar mit Erfahrung in zwei Welten und eine Kommissarin – beide landesweit bekannt. Also ein echter Fall für Zwei!

Die Schauspielerin und Moderatorin Minh-Khai Phan-Thi und der Schauspieler Andreas Schmidt-Schaller gehören zu den populären Fernsehgesichtern, die in unzähligen Kriminalfällen erfolgreich ermittelt haben. Minh-Khai Phan-Thi, einst VIVA-Moderatorin, war die erste deutsch-vietnamesische Kommissarin. Sie spielte u.a. in den Krimi-Reihen „Soko Stuttgart", „Hauptstadtrevier", „Soko 5113" und vor allem in der ZDF-Krimi-Serie „Nachtschicht". In Vor-Corona-Zeiten hatte sie ihren Stammplatz im Olympiastadion „von der Haupttribüne rechts Richtung Ostkurve". Sie liebt es, nahe am Geschehen zu sein. Sie ist beim Fußball sehr emotional und gibt zu: „Mit mir Fußball gucken ist nicht einfach."

Der zweite im Bunde, Andreas Schmidt-Schaller, stammt aus Thüringen und ist seit über 15 Jahren Mitglied bei Hertha. In der DDR war er als Leutnant Grawe und später als Oberleutnant in über 40 Folgen der beliebten Reihe „Polizeiruf 110" auf Verbrecherjagd. Wegen seiner unkonventionellen und lässigen Art bekam er den Beinamen „Schimanski des Ostens" – in Erinnerung an Götz George, der den Kommissar „Schimanski" im WDR-Tatort zur Kultfigur machte. Von 2001 bis 2017 spielte Schmidt-Schaller in der ZDF-Serie „Soko Leipzig" den Chefermittler und Hauptkommissar Hajo Trautzschke. Und das in rund 330 Folgen!

Die enorme Erfahrung der beiden Kriminalisten, die Hertha stets die Daumen drücken, sollte der Verein nutzen, um auf die Spuren des Erfolgs zu kommen. Die Trefferquote bei der Lösung von schwierigen Fällen liegt bei den beiden nahe an 100 Prozent.

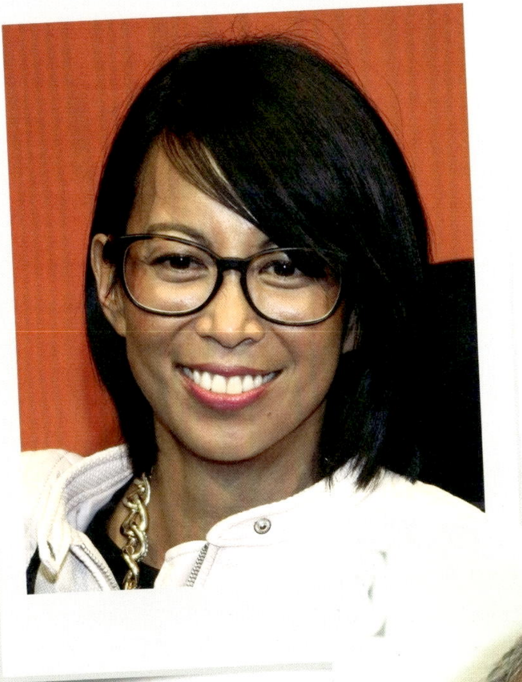

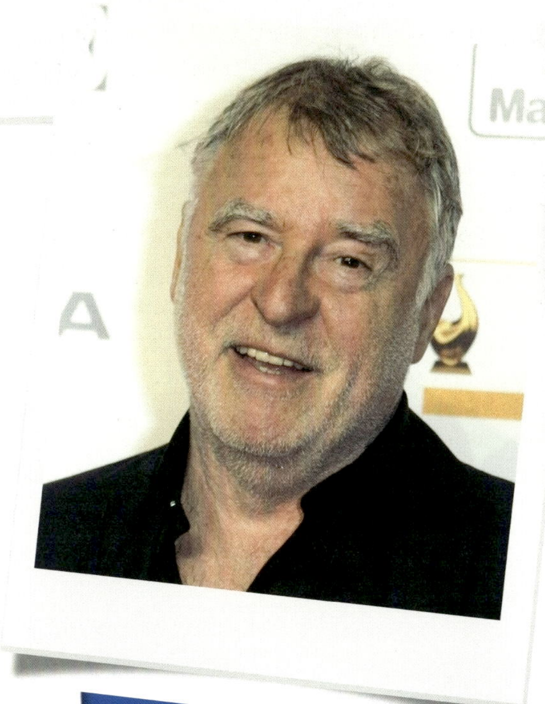

Prominenz auf den Rängen: Schauspielerin und Moderatorin Minh-Khai Phan-Thi und TV-Kommissar Andreas Schmidt-Schaller

Aha

Als der Knurrer weinte

Huub Stevens, „Jahrhunderttrainer" von Schalke 04, gilt als harter Hund. Schon als Spieler beim PSV Eindhoven und in der niederländischen Nationalmannschaft lehrte er seinen Gegnern als rustikaler Innenverteidiger das Fürchten, als Coach bekam der Disziplinfanatiker schnell den Beinamen der „Knurrer aus Kerkrade" verpasst. Auch in schwierigen Situationen blieb er stets hart und beherrscht. Sein Motto: „Ein Huub Stevens gibt nie auf!" Doch Hertha BSC brachte Stevens tatsächlich zum Weinen.

Das passierte nach einer beinahe unmenschlichen Maßnahme, einem Ultimatum. Im Oktober 2003 war Hertha unter Cheftrainer Stevens nach dem 9. Spieltag auf den letzten Tabellenplatz zurückgefallen und hatte sich zuvor im UEFA-Cup blamiert. Manager Dieter Hoeneß stellte Stevens ein Ultimatum: Er müsse die beiden nächsten Spiele gewinnen, um weiter im Amt bleiben zu können. Zweimal siegen oder fliegen! Der Spielplan wollte es, dass Hertha zweimal binnen vier Tagen beim FC Hansa Rostock antreten musste – zuerst in der Liga, danach im DFB-Pokal. Der Druck auf den Niederländer wuchs ins Unermessliche. Die Liga diskutierte heftig über die Forderung von Hoeneß, erweichen ließ der sich aber nicht.

Im ersten Duell im Ostseestadion in der Bundesliga siegte Hertha mit 1:0 durch einen Treffer von Luizão, der 2002 mit Brasilien Weltmeister geworden war. Das passierte am 25. Oktober. Schon am 28. Oktober hieß es im DFB-Pokal erneut Hansa contra Hertha. Würde Stevens nach 90 oder auch 120 Minuten noch Chefcoach der Berliner sein? Würde ihn bei einer Niederlage Manager Hoeneß noch auf dem Platz entlassen? Die Dramatik war mit den Händen zu greifen. Nach 90 Minuten hieß es 1:1, nach 111 Minuten in der Verlängerung traf Markus Lantz zum 2:1 für Hansa. Stevens war in diesem Moment seinen Job los. In der 120. Minute gelang Nando Rafael mit der letzten Aktion das 2:2. Elfmeterschießen – mehr ging nicht. Nach der ersten Runde stand es 5:5! Artur Wichniarek traf danach für Hertha zum 6:5. Erst als Hertha-Keeper Gábor Király den folgenden Elfmeter von Gernot Plassnegger parierte, war Schluss. Stevens und Hoeneß tanzten auf dem Rasen. Später, in der Kabine, haben alle – Spieler und Stevens – jämmerlich geweint.

Doch Stevens blieb nur eine Atempause. Nach einem Sieg und drei Niederlagen in der Liga trat Hertha im DFB-Pokal bei Werder Bremen an und unterlag mit 1:6. Stevens musste seinen Hut nehmen. Danach aber gab es weder bei Hertha noch für Huub Stevens auf seinen weiteren Stationen ein solch schlimmes Ultimatum. Gut so!

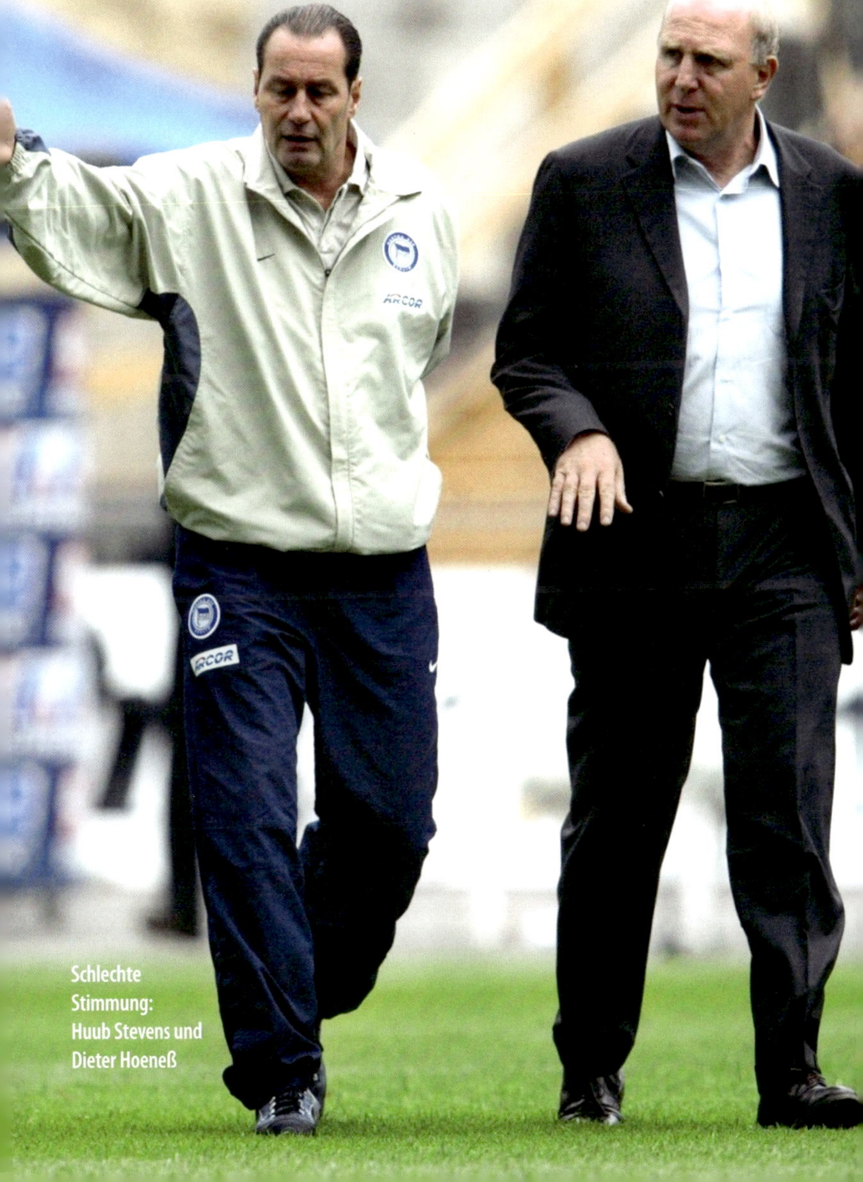

Schlechte Stimmung: Huub Stevens und Dieter Hoeneß

Populärer Irrtum

Als Lucien Favre falsch lag

„Berlin, Berlin! Wir fahren nach Berlin!" Das Motto setzten im Sommer 2009 auch die jungen Profis Ivan Perišić und André Ayew in die Tat um. Sie hofften auf einen Job bei Hertha. Ihre Chancen schienen gut zu sein, denn in dem Schweizer Trainer Lucien Favre besaß Hertha einen Coach, der sehr gut mit jungen Talenten umzugehen wusste.
Manager Michael Preetz, der gerade Dieter Hoeneß abgelöst hatte, lud die beiden Jungprofis zum Probetraining ein. Ayew? Ja, dieser Name war prominent und der 19-jährige Ghanaer Andre tatsächlich der Sohn des berühmten Abedi Pele, dreimal „Fußballer des Jahres" in Afrika.
Favre ließ die beiden in einem Testspiel gegen den unterklassigen 1. FC Lübars auflaufen. Auf dem Sportplatz an der Finsterwalder Straße in Berlin-Reinickendorf drängten sich 2.500 Zuschauer. Der 20-jährige Kroate Perišić spielte über 90 Minuten und schoss zwei Tore. Ayew wurde nach 45 Minuten ausgewechselt und hatte ein Tor erzielt. Hertha siegte mit 23:0.
Aber was passierte danach? Favre, der Trainerfuchs, muss einen schlechten Tag gehabt haben oder auch unbedarfte Berater! Wie war sonst seine Entscheidung zu verstehen, Perišić und Ayew ohne Vertrag sofort nach Hause zu schicken? „Sie hätten uns nicht entscheidend weiterhelfen können", ließ er sich entlocken.
Später wird Favre wohl staunend die rasante Entwicklung der beiden Profis verfolgt haben. André Ayew spielte bei Olympique Marseille, wechselte zu Swansea City und 2016 für 24 Millionen Euro Ablöse zu West Ham United in die Premier League. 91 Länderspiele hat er inzwischen für Ghana bestritten und seinen berühmten Vater überholt.
Ivan Perišić hat eine noch größere Karriere hingelegt. Er spielte für Borussia Dortmund, den VfL Wolfsburg und den FC Bayern München in der Bundesliga, stets gefährlich und schlitzohrig und brachte Wolfsburg bei seinem Wechsel zu Inter Mailand 19 Millionen Euro Ablöse ein. 96 Länderspiele für Kroatien hat er bestritten und wurde 2018 sogar Vizeweltmeister.

Und Hertha BSC? Nur acht Wochen nach dem Test im beschaulichen Lübars im Berliner Stadtbezirk Reinickendorf wurde Lucien Favre im September 2009 entlassen und die Mannschaft stieg am Saisonende ab.
Viele Hertha-Anhänger fragen sich noch heute, wie sich Favre einst so irren konnte. Aber: Irren soll ja menschlich sein.

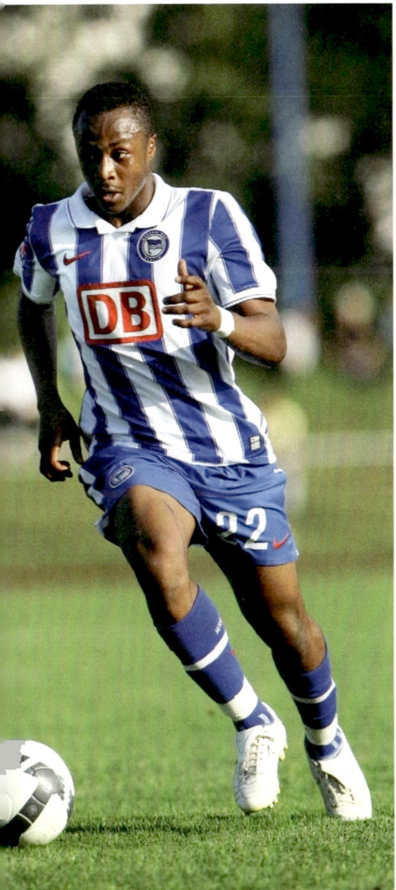

Durchgefallen: Testspieler Andre Ayew

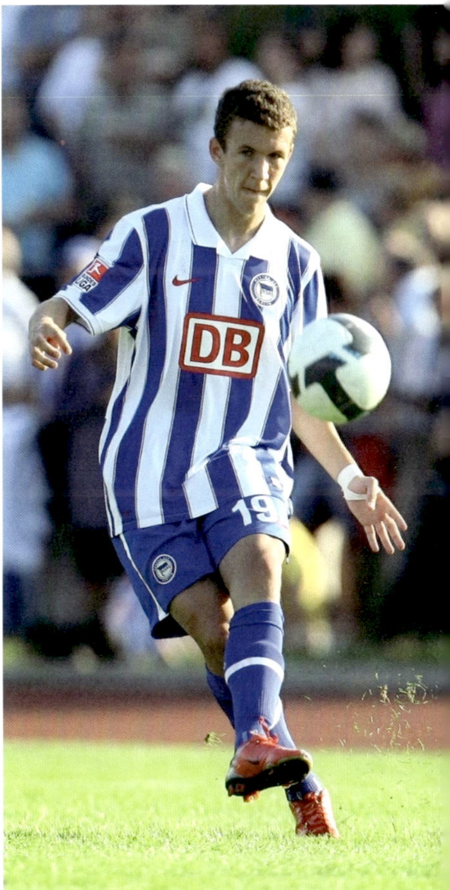

Nach Hause geschickt: Testspieler Ivan Perišić

Meister der Ausreden

Wer schon einmal das zweifelhafte Vergnügen hatte, zur Untersuchung eines Leidens zur Magnetresonanztomografie (MRT) in die schmale Röhre zu müssen, weiß, dass man dort schnell an Platzangst leiden kann. Die Zeit scheint nicht zu vergehen. So empfand es auch der Brasilianer Alex Alves, von 2000 bis 2003 exzentrischer Stürmer der Hertha. Den plagten Knieprobleme. Fakt ist, dass der Arzt beim MRT mitansehen musste, wie Alves mitten in der Behandlung schimpfend aus der Röhre kroch. Es sei ihm nicht schnell genug gegangen, ließ er den überrumpelten Mediziner wissen – und außerdem habe er riesigen Hunger!

Die MRT-Nummer ist die populärste Entschuldigung von Alves, was Ausreden betraf, wenn er zu spät zum Training erschien. Mal hatte er Fußpilz, mal Hodenschmerzen, oft sagte er, die Schranke im Parkhaus funktionierte nicht (Mr. Bean lässt grüßen), ein anderes Mal habe er die Umstellung auf die Sommerzeit vergessen. Auch sonst konnte der eigenwillige Südamerikaner „schmerzfrei" sein: Zur Weihnachtsfeier der Mannschaft 2002 erschien er in einem weißen Pelzmantel und ließ diesen auch im beheizten Festsaal an.

Wunderschöne Treffer aber hat Alves auch erzielt – vor allem das „Tor des Jahres 2000" aus 52 Metern Entfernung. Danach wurden ihm kuriose Ausreden schon mal verziehen.

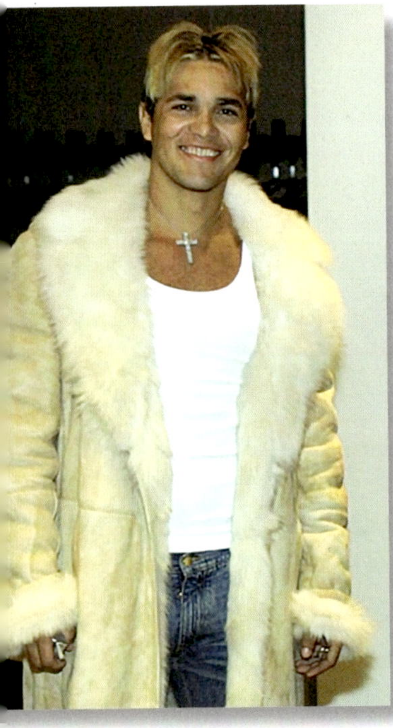

Um Ausflüchte nicht verlegen: Alex Alves

Schussgewalt mit drei Zehen

Der Schuss zischt schnurgerade durch den Abendhimmel, der Ball flattert nicht, er rotiert nicht, er ist eine knappe Sekunde in der Luft. Ronny, der Brasilianer in Diensten von Sporting Lissabon, schreibt am 26. November 2006 Geschichte. Im Ligaspiel gegen Naval 1 de Maio in Figueiro da Foz steht es zwei Minuten vor Abpfiff 0:0. Sporting bekommt einen Freistoß zugesprochen, den Ronny aus etwa 17 Metern Entfernung tritt. Er trifft und das portugiesische Fernsehen misst den Schuss mit sagenhaften 210,9 km/h. Weltrekord! Die Bestleistung von Ronnys Landsmann Roberto Carlos (202 km/h) ist Geschichte.

2010 wechselt dieser schussgewaltige Ronny, mit vollem Namen Ronny Heberson Furtado de Araújo, zu Hertha BSC. Sein Vater Caetano hatte ihm eine spezielle Schusstechnik gezeigt – nur mit drei Zehen mit dem linken Fuß. In Berlin zeigte Ronny häufig seine Künste. Sieben Tore in der Ersten Liga und 20 Treffer in Liga zwei stehen zu Buche – darunter viele Freistoßtreffer. Immer wenn der Brasilianer zum Freistoß antrat, raunte das Olympiastadion voller Erwartung „Rooooonnnnyyyy!" und die Abwehrmauer der Gegner bröckelte schon vorher, weil die Spieler Angst vor dem kommenden Schuss hatten. Sie wären am liebsten davongelaufen.

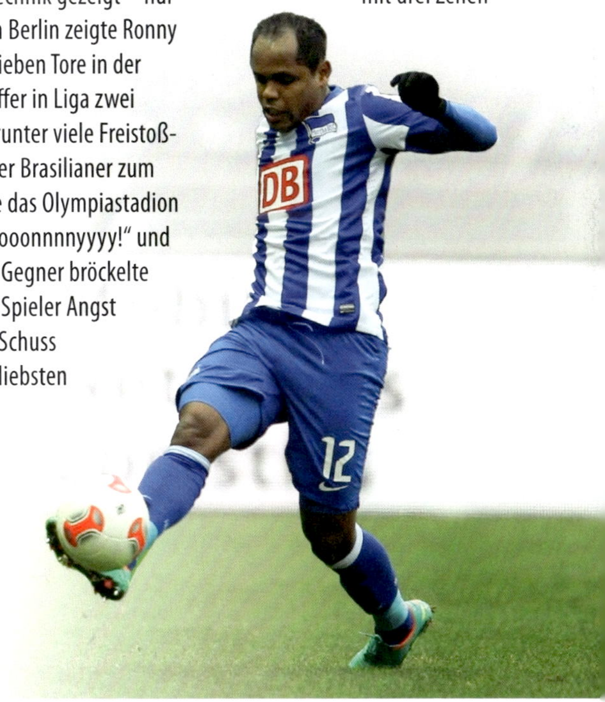

Weltrekordler in Sachen Distanzschuss: Ronny

Aha! Extra

Piraten mit Tarnkappe

Das Idyll schien viele Jahre perfekt. Die „Hertha“, das Schiff, das dem Verein seinen Namen gab, schipperte friedlich auf der Kyritzer Seenplatte – ein Gebiet mit hohem Erholungswert, in das man sich durchaus verlieben kann. Ausgangsort der Seerundfahrten auf dem 100 Tonnen schweren Schiff – 23,5 Meter lang und 4,80 Meter breit – war das Städtchen Wusterhausen/Dosse. Der 6.000-Einwohner-Ort liegt rund 100 Kilometer nordwestlich von Berlin. Hertha-Fanklubs und Ausflügler vergnügten sich bis 2017 regelmäßig an Bord bei Bier und Bockwurst, ehe das so symbolträchtige Schiff aus dem Wasser gehoben und über Land nach Berlin gebracht wurde.
Doch eines Tages passierte Unerwartetes, ja, Sensationelles. Eine große Gruppe aus Berlin hatte das Schiff gemietet. Exakt reisten 118 Leute an – mit Bussen und privaten PKWs. In Zivil gingen alle friedlich an Bord. Doch kaum auf See trauten die vielen Spaziergänger am Ufer ihren Augen nicht. Die „Hertha“ war plötzlich statt in Blau-Weiß in den Farben des Rivalen 1. FC Union unterwegs – in Rot und Weiß! Die 118 Ausflügler entpuppten sich als glühende Union-Fans und an diesem Tag als Piraten. Sie entledigten sich ihrer Zivilkleidung, warfen sich Union-Trikots, Schals und Mützen über und schwenkten rot-weiße Fahnen. Das gesamte Schiff wurde in Union-Farben beflaggt, es wurde geentert.
Hintergrund der originellen Aktion: Vor dem letzten Derby Hertha contra Union in der Zweiten Bundesliga im Februar 2013, das im Olympiastadion 2:2 endete, war der Mannschaftsbus der Unioner von Hertha-Fans beschmiert worden. Auch in der

Das von Union-Fans
gekaperte Hertha-Schiff

Fankneipe „Abseitsfalle“ an der Alten Försterei gingen Fensterscheiben zu Bruch. Nun folgte die Antwort, aber unter dem Motto: „Rivalität Ja, Gewalt nein“. Mehrere Stunden dauerte die Fahrt auf dem See und die Unioner amüsierten sich prächtig. Herthas Aufsichtsrat Bernd Schiphorst, der sich lange um das Schiff gekümmert hatte, anerkannte: „Ich nenne das mal einen Streich.“ Aber süffisant schob er hinterher: „Die Unioner möchten mal kosten, wie die Erste Liga schmeckt!“
Naja, sechs Jahre später war Union in der Bundesliga angekommen, ist dabei, sich zu etablieren und steht weiter in heftiger Konkurrenz zu Hertha. Die Bundesliga schmeckt ihnen gut, um bei Schiphorst zu bleiben. Das umkämpfte Schiff, 1886 erbaut, aber befindet sich 2021 in einer Werft in Oranienburg. Dort soll es fit gemacht werden, um endlich in Berlin auf der Spree fahren zu dürfen. Und dann natürlich in den Farben Blau und Weiß.

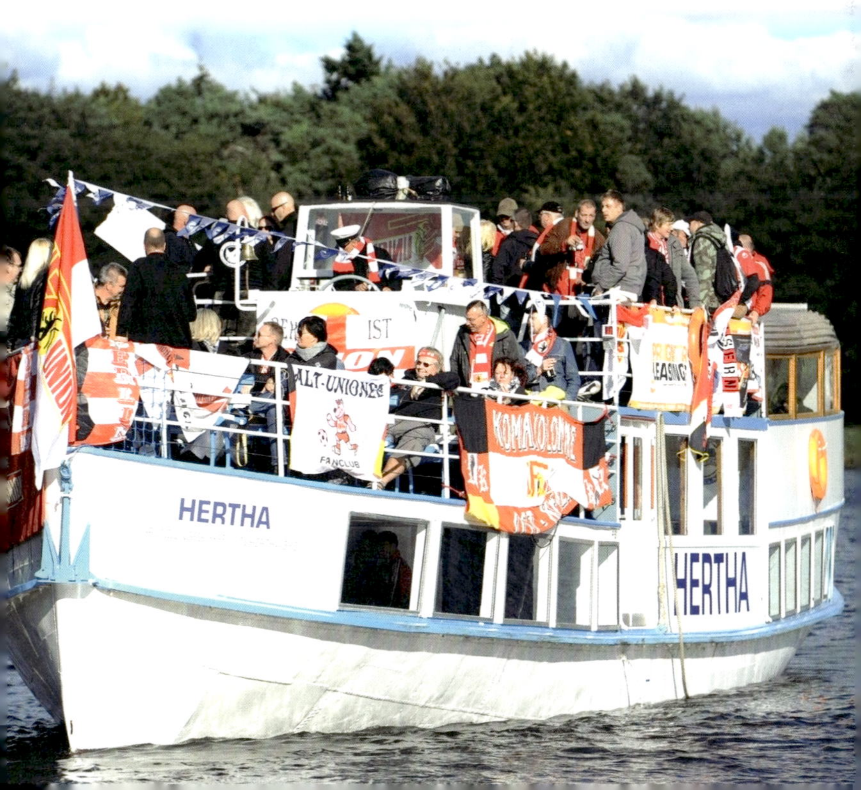

Aha! Extra

Das Phantomteam

356 Profis setzte Hertha bislang in 38 Spielzeiten in der Ersten Bundesliga ein (Stand: Januar 2021). Es hätten durchaus einige, vor allem prominente Spieler mehr sein können. Aber von denjenigen, die kontaktiert wurden, mit denen zum Teil auch geheim verhandelt wurde, deren Wechsel aber nicht zustande kam, spricht man nicht gern. Man müsste dabei ja auch Fehler eingestehen. Nimmt man diese Profis und stellt sie zu einer „Schatten-Mannschaft" zusammen, ergibt das eine unglaublich spielstarke und schillernde Truppe, die den Gegnern das Fürchten gelehrt hätte.
Es begann schon 1974, als Hertha-Kurzzeit-Trainer Dettmar Cramer (siehe Kapitel „Posse um Napoleon") die Nationalspieler Uli Hoeneß, Berti Vogts und Paul Breitner versprochen worden waren. Keiner der Weltmeister kam nach Berlin.
Später, in den 1990er Jahren, als Hertha endlich wieder erstklassig wurde, sagte Weltmeister Thomas „Icke" Häßler, gebürtiger Berliner, eine Anfrage ab. Das Abenteuer Hertha war ihm damals zu unsicher. Auch der ehemalige DDR-Nationalspieler Rico Steinmann stand unmittelbar vor einem Wechsel zu Hertha. Der Aufsichtsrat stoppte die Aktion.

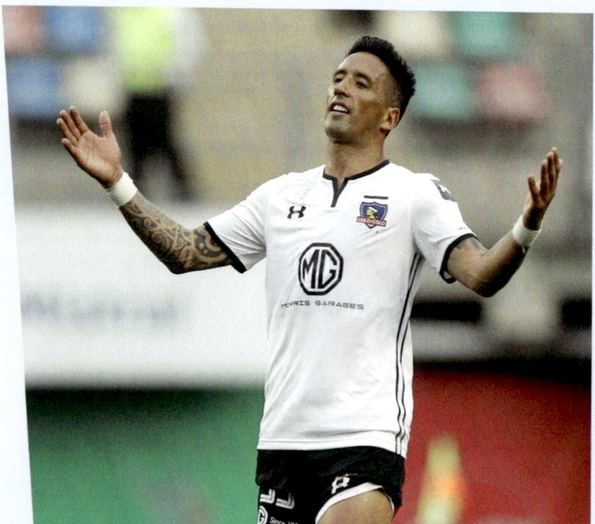

Lucas Barrios im Trikot des chilenischen Klubs CSD Colo-Colo Santiago

Noch später, Hertha hatte sich endlich im Oberhaus etabliert, wurden „große Kaliber" kontaktiert. Der Kolumbianer Radamel Falcao sollte es sein – ein kreuzgefährlicher Stürmer – und 2009 verbrachte gar der „beste Torschütze aller Erstligavereine weltweit im Jahr 2008", Lucas Barrios, einige Tage in Berlin. Der paraguayisch-argentinische Profi hatte für CSD Colo-Colo Santiago (Chile) 37 Tore in 38 Spielen geschossen. Der Deal mit Hertha platzte, warum auch immer. Der „La Pantera" (der Panther) genannte Torjäger ging zu Borussia Dortmund.

Der kontaktierte Falcao spielte auch nie für Hertha, schoss seine Tore u. a. bei Atlético Madrid und dem AS Monaco.

Auch der einst von Hertha umworbene Stürmer Tore-André Flo aus Norwegen landete nie in Berlin. Genauso wenig Abwehr-As Luis Perea, der lieber acht Jahre bei Atlético Madrid sein Geld verdiente. 2007 fielen André Ayew und Ivan Perišić nach einem Testspiel in Berlin kurioserweise durch (s. S. 84).

In der jüngsten Zeit blieben Kontaktaufnahmen oder Verhandlungen mit dem Schweizer Internationalen Granit Xhaka (Arsenal London), Jeff Reine-Adélaïde (Olympique Lyon/jetzt OGC Nizza), Christian Eriksen (Inter Mailand) oder Weltmeister Mario Götze (PSV Eindhoven) ohne Resultat.

Warum scheiterten alle diese Planspiele? Oft lag es am Geld, bei anderen Profis waren die Manager nicht restlos überzeugt, aber oft die Trainer zu zögerlich. Schade, der eine oder andere Star hätte Hertha sicher gutgetan.

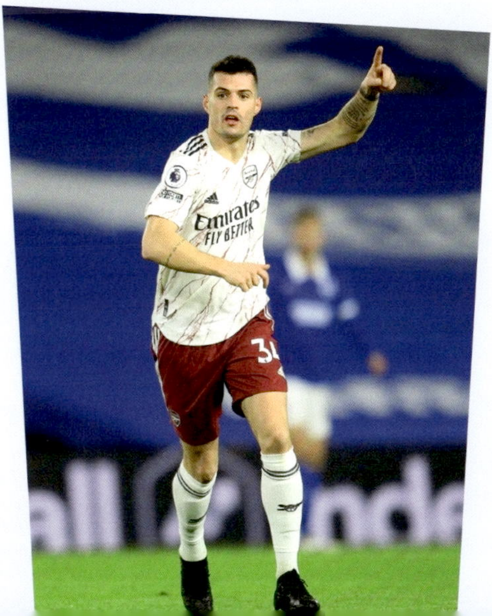

Nie bei Hertha gelandet:
Granit Xhaka (Arsenal London)

Berliner Dardáiismus

Man mache die Augen zu und stelle sich Folgendes vor: Es ist ein schöner Augusttag im Jahr 2024. Champions-League-Teilnehmer Hertha BSC empfängt im Olympiastadion den FC Augsburg in der Bundesliga. Cheftrainer Pál Dárdai, der die Mannschaft im Juni zum dritten Mal übernommen und sich im Auswahlverfahren gegen Arsene Wenger, Josè Mourinho und Hansi Flick durchgesetzt hatte, sorgt für eine Sensation. Dárdai hat alle seine drei Söhne in die Startelf berufen: Marton in der Innenverteidigung, Palko auf der Außenbahn und Bence im Sturmzentrum. Zum ersten Mal in der Liga spielen drei Brüder in einem Team. Mutter Monika, die ihren vier Männern immer den Rücken freigehalten hatte, sitzt stolz auf der Tribüne.
Stopp! Und Augen auf! Das alles ist nur eine Spinnerei vom Autor dieses Bandes, die aber lange Zeit nicht komplett aus der Luft gegriffen war. Leider platzte diese Träumerei Anfang Januar 2021, als Hertha die Trennung von Palko Dárdai bekannt gab. Nach zehn Jahren im Verein wechselte der junge Profi zum ungarischen Erstligisten Fehérvár FC.
Die Fakten der Familien-Saga: In der laufenden Spielzeit 2020/21 verhalf Herthas Trainer Bruno Labbadia in Marton Dárdai dem zweitältesten Sohn von Vereins-Ikone Pál Dárdai zum Erstligadebüt. Beim 3:0-Sieg der Berliner am 7. November 2020 beim FC Augsburg kam der Abwehrspieler in der Schlussminute ins Spiel. Er war 18 Jahre, 8 Monate und 26 Tage jung.
Etwas älter, nämlich 19 Jahre, war Palko, der älteste der Brüder bei seinem Erstligadebüt. Im April 2018 wechselte ihn sein Vater, damals der Chefcoach, bei einem 2:2 gegen den FC Augsburg im Olympiastadion nach 71 Minuten ein.
Pál Dárdai selbst, der 1997 von Budapest nach Berlin kam, debütierte unter Trainer Jürgen Röber in der Ersten Liga im Oktober 1997 bei einem 0:1 auf Schalke. Er war 21 Jahre, sechs Monate und 18 Tage alt.
Bleibt noch Bence Dárdai, 15, der Jüngste aus dem Trio, um den unglaublichen Dárdaiismus bei Hertha komplett zu machen. Der Stürmer gilt als sehr großes Talent und war zuletzt seinen Jahrgangskollegen immer um ein Jahr voraus. Im Moment spielt er in der U16 von Hertha BSC. Sein Trainer: Vater Pál. Doch das änderte sich Ende Januar 2021. Pál übernahm erneut den Cheftrainer-Posten bei Hertha und kann nun zum ersten Mal auch seinen Sohn Marton trainieren. Der Dárdaiismus nimmt kein Ende. Und das ist gut so.

Aha

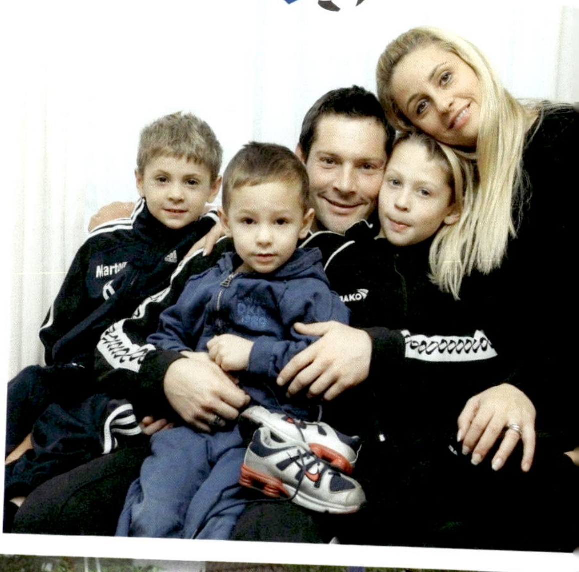

Bilder aus der Anfangszeit in Berlin: Familienidyll mit den Dárdais

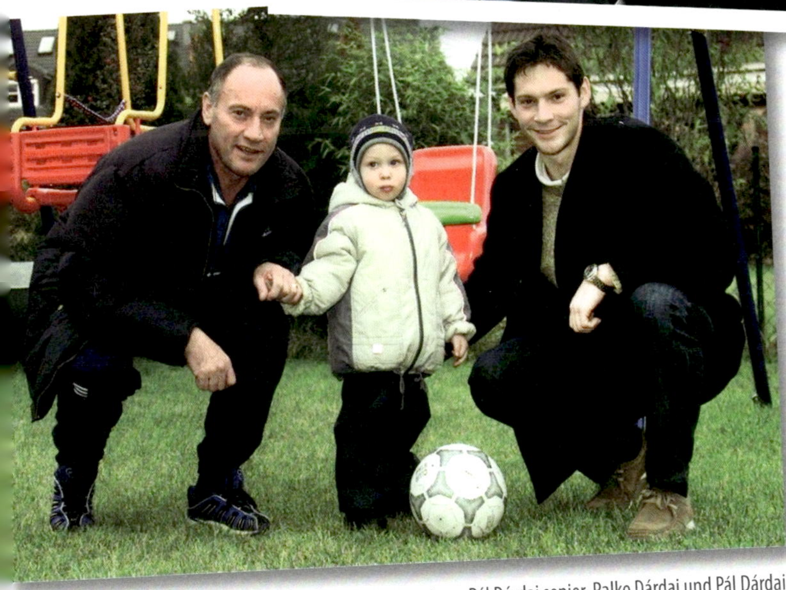

Männerriege: Pál Dárdai senior, Palko Dárdai und Pál Dárdai

Aha! Extra

Soziale Brust

In der Saison 2020/21 wies Hertha ein Alleinstellungsmerkmal auf, aber auf eines, auf dass der Klub lieber verzichtet hätte. Bis zur kurzen Winterpause war man der einzige Verein ohne Haupt-und Brustsponsor. Nach der vorzeitigen Trennung von Hauptsponsor TEDi, einem Discounter, die in beiderseitigem Einvernehmen in Corona-Zeiten geschah, wollte man hoch hinaus. Die Weltmarken „Tesla" und „Amazon" galten zumindest bei den Berliner Medien als Kandidaten für die Spieler-Brust. Doch daraus wurde nichts.
Dennoch: Hertha reagierte sehr kreativ und vor allem sozial. Die Profis liefen u. a. mit dem Schriftzug „AHA" auf, um so in Zeiten der Pandemie auf die Abstandsregeln aufmerksam zu machen. Im Stadtderby gegen den 1. FC Union stand „Aktion Hertha-Kneipe" auf dem Trikot. Eine bekannte Fangruppierung um den umtriebigen Ur-Herthaner Knut Beyer hatte in Corona-Zeiten diese tolle Aktion ins Leben gerufen, um geschlossene Hertha-Kneipen zu unterstützen – mit virtuellem Biertrinken.

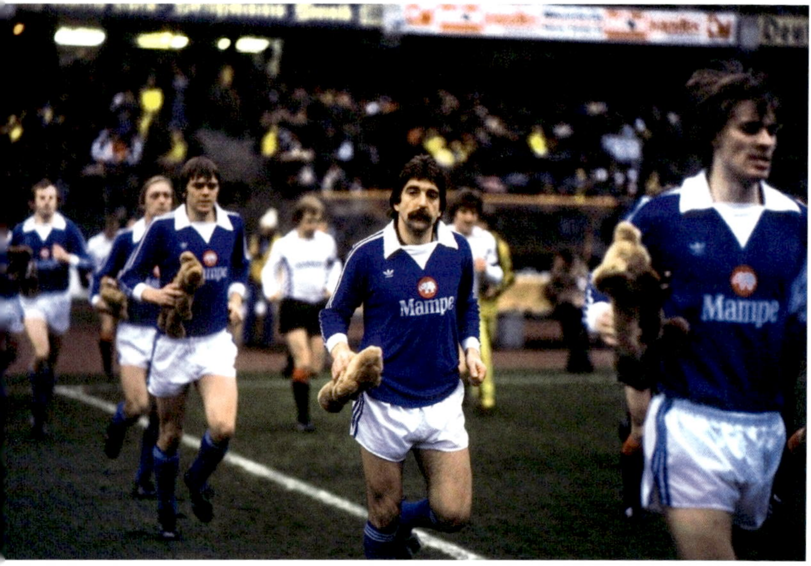

Wolfgang Sidka, Bernd Gersdorff und Karl Heinz Granitza laufen mit „Mampe" ein.

Doch die wohl wichtigste Geschichte um die Hertha-Brust rührte zu Tränen. Der Schriftzug „für Pauline" zierte das Trikot und dazu zwei kleine Fußstapfen. Die erst acht Monate alte Pauline, Tochter eines Hertha-Anhängers, war an Blutkrebs erkrankt. Mit dem Schriftzug machte Hertha großartige Werbung für Stammzellenspender – für Pauline und viele andere Betroffene.
Kurz vor dem Jahreswechsel aber war es soweit: Hertha verkündete in dem bundesweit agierenden Berliner Makler-Unternehmen „Homeday" einen neuen Hauptsponsor – aber nur bis Saisonende. Danach wird das Start-Up lediglich „Exklusivpartner" des Klubs. Eine ungewöhnliche Konstruktion.

Alle Hauptsponsoren (Trikotwerbepartner) von Hertha BSC:

1976/77: Auto-Meister
1977/78: kein Hauptsponsor
1978/79: Mampe
1979–1984: Sparkasse
1984/85: Bio-Naturkraft (revital energin, ab April 1985: regazell energin)
1985–1988: Blubb
Oktober 1988 – März 1990: Club 100
März 1990–1993: Trigema
1993–1995: ABS
1995–1997: Trigema
1997–2000: Die Continentale
2000–2002: o.tel.o
2002–2006: Arcor
2006–2015: Deutsche Bahn
2015–2018: bet-at-home
2018–2020: TEDi
ab 1. Januar 2021: Homeday

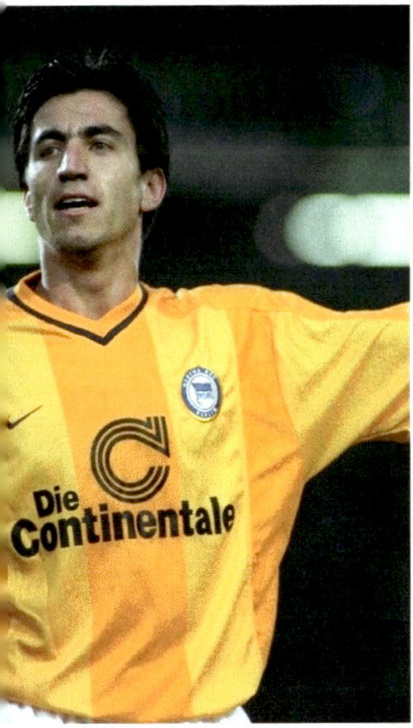

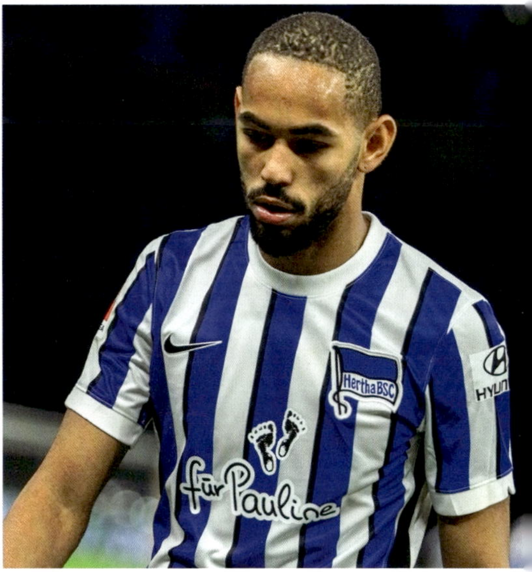

Kostas Konstantinidis mit Trikotpartner „Die Continentale" und Matheus Cunha trägt „für Pauline" auf der Brust.

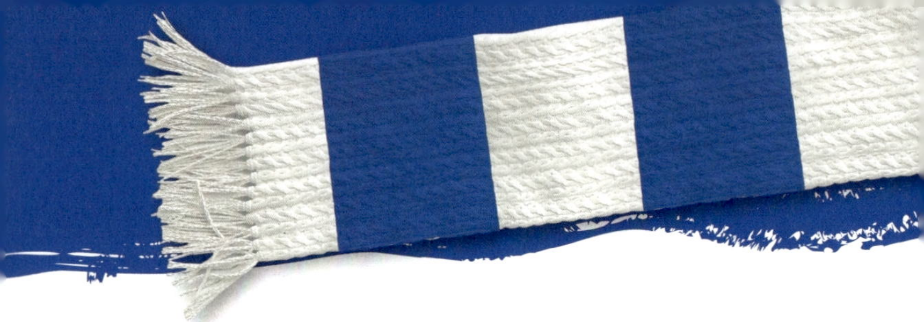

Die Spieler der Jahrhundert-Elf – und was aus ihnen wurde

Wer war die beste Hertha-Mannschaft aller Zeiten? Das ist eine ganze schwere Frage, die kaum schlüssig zu beantworten ist. Eigentlich müsste man sagen: Das waren die Meisterteams von 1930 und 1931, denn danach konnte Hertha nie wieder einen Meistertitel erringen. Doch war etwa die Mannschaft, die 1975 Vizemeister in der Bundesliga wurde, nicht genauso gut oder besser? Und was ist mit der Truppe, die 1999/2000 in die Champions League einzog?
All das sind starke Mannschaften, die in sehr unterschiedlichen Epochen das blau-weiße Hertha-Trikot trugen. Vergleichen sollte man sie nicht. Dafür – und auch das ist kompliziert – kann man eine „Jahrhundert-Elf" küren, was die Anhänger der Hertha auch 2003 tatsächlich taten. Anlass war der 111. Geburtstag des Klubs.
Über diese Mannschaft kann man trefflich streiten und an den Stammtischen diskutieren. Interessant, dass es aus den goldenen 1920er und 1930er Jahren nur Kapitän Hanne Sobek in die Jahrhundert-Elf schaffte. Die Erfolge liegen wohl zu lange zurück und die Fans können keine bewegten Bilder der Triumphe mehr sehen. Aus den auch sehr erfolgreichen 1970er Jahren gelangten mit Erich Beer, Luggi Müller und Uwe Kliemann immerhin drei Protagonisten ins Team. In der Champions League spielten Gábor Király, Eyjólfur Sverrisson, Kjetil Rekdal und Michael Preetz, die den Kern der Super-Elf bildeten. Hinzu kommen Arne Friedrich und die Publikumslieblinge Axel Kruse und Marcelinho.
Spannend wäre es zu wissen, wer seinen Platz in dieser Elf behalten kann, sollte 2022 anlässlich des 130. Geburtstages der Hertha wieder eine Jahrhundert-Elf gewählt werden.

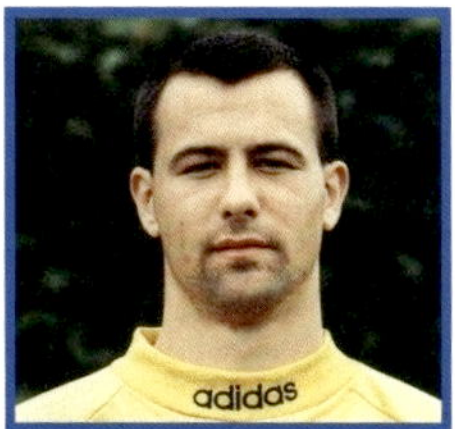

Gábor Király

Geboren: 1.4.1976
Der Torhüter, der seine lange, graue Schlabberhose, in der er stets spielte, zum Kultobjekt machte (und eine eigene Kollektion herausgibt), war in England aktiv und ist mit 108 Länderspielen der Rekord-Internationale von Ungarn. Er beendete erst im Mai 2019 im Alter von 44 Jahren seine Karriere. Kiraly betreibt ein eigenes großes Sportzentrum in seiner Heimatstadt Szombathely.

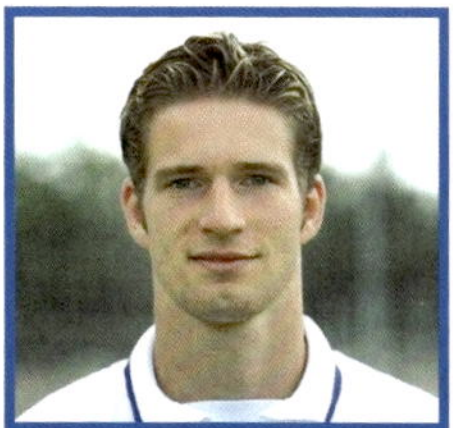

Arne Friedrich

Geboren: 29.5.1979
Nach 231 Erstligaspielen für Hertha wechselte der 82-malige Nationalspieler zum VfL Wolfsburg und später in die Major League Soccer (MLS) zum Team Chicago Fire. 2013 beendete er seine Karriere, machte seinen Trainerschein und arbeitete als TV-Experte. 2020 stieg er zum Sportdirektor bei Hertha BSC auf.

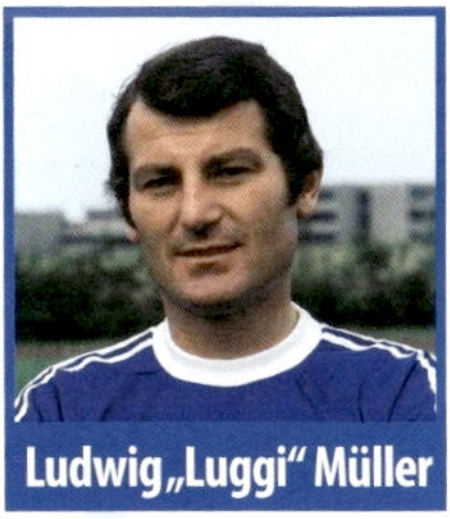

Ludwig „Luggi" Müller

Geboren: . 25.8.1941
Der einstige Libero betrieb nach seinem Karriereende zusammen mit seiner Frau erfolgreich zwei Läden für Damenkonfektion in seiner Heimatstadt Haßfurt

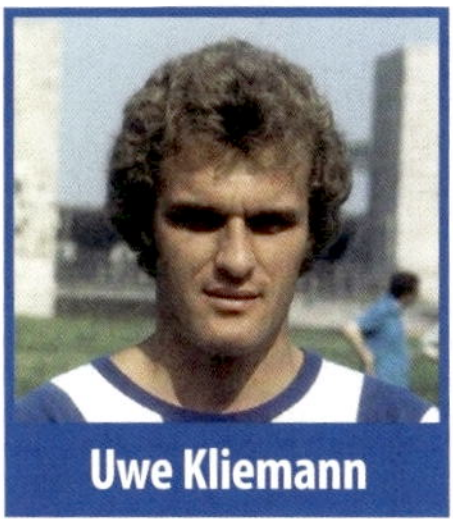

Uwe Kliemann

Geboren: 30.6.1949
Der wegen seiner stattlichen Körpergröße „Funkturm" genannte Profi war zuerst als Trainer und später viele Jahre als Scout unterwegs, u. a. für Werder Bremen.

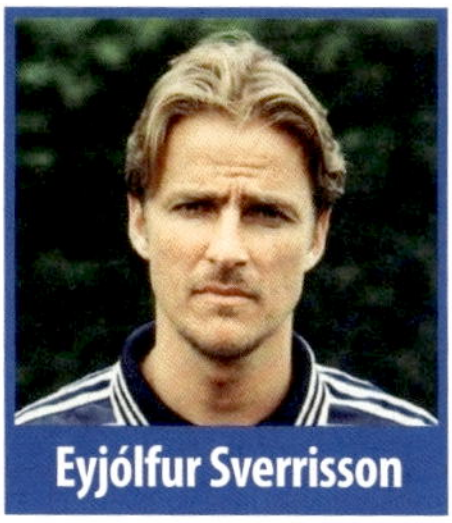

Eyjólfur Sverrisson

Geboren: 3.8.1968
Der ehemalige Nationalspieler von Island war Nationaltrainer seines Landes und lange U21-Coach. Gemeinsam mit seinem Schwiegervater züchtet „Jolly" Pferde auf der Vulkaninsel.

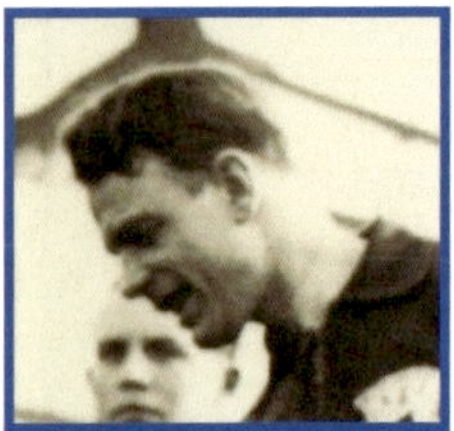

Hanne Sobek

Geboren: 18.3.1900,+17.2.1989
Sobek war Kopf und Kapitän der Meistermannschaften von 1930 und 1931 und galt als der erste Star der Berliner. Ein Sportplatz im Wedding und ein öffentlicher Platz in Gesundbrunnen tragen seinen Namen.

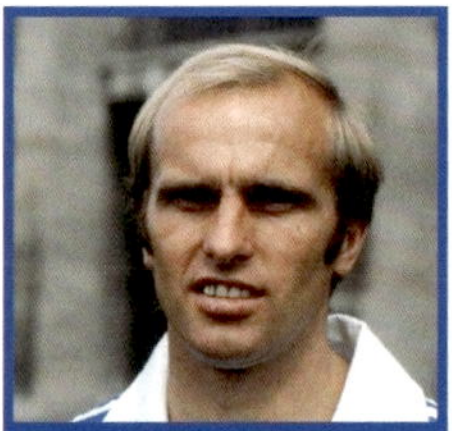

Erich Beer

Geboren: 9.12.1946
Der offensive Mittelfeldmann und Nationalspieler gehört zu den populärsten Spielern aller Zeiten bei Hertha. Viele Jahre leitete er den Fuhrpark bei BMW in München. Er lebt in München-Grünwald.

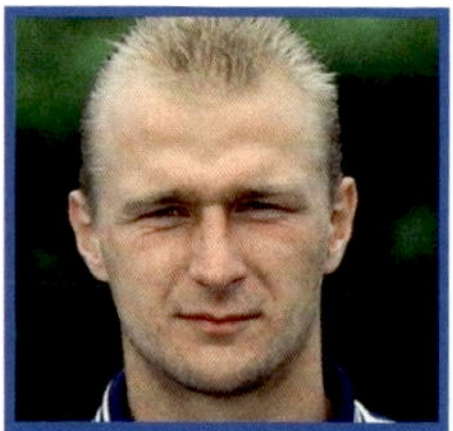

Axel Kruse

Geboren: 28.9.1967
Der ehemalige Stürmer versuchte sich im American Football, war einst Mitbesitzer einer Kneipe und ist Geschäftsführer einer Film- und TV-Produktionsfirma in Berlin.

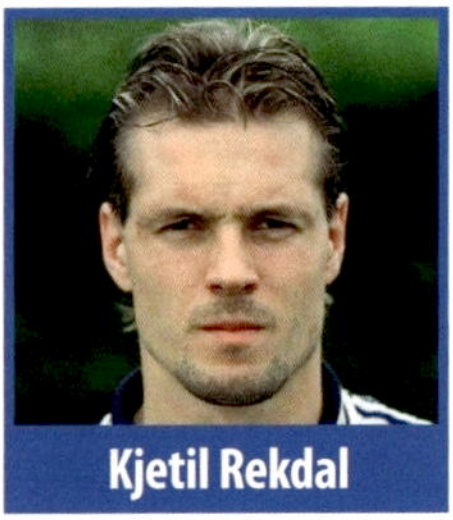

Kjetil Rekdal

Geboren: 6.11.1968
Der einstige Hertha-Kapitän und 83-malige Nationalspieler von Norwegen arbeitete viele Jahre als Trainer (u. a. Valerenga Oslo, 1. FC Kaiserslautern) und ist als TV-Experte tätig. Er lebt in Hamar und blickt von seiner Wohnung direkt auf die Eishalle der Olympischen Winterspiele von 1994.

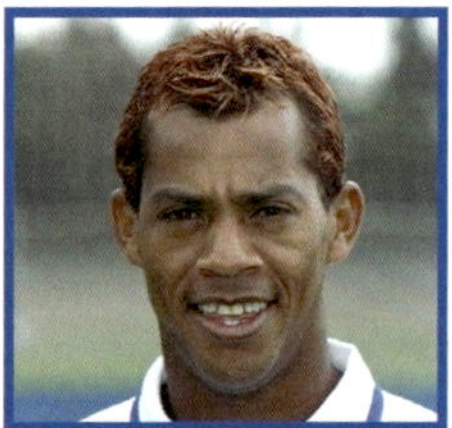

Marcelinho

Geboren: 17.5.1975
Der Brasilianer gilt als der kompletteste Spieler bei Hertha der letzten Jahrzehnte. 2017 organisierte er selbst mit Verspätung sein großes Abschiedsspiel mit zahlreichen prominenten Kickern aus vielen Ländern im Olympiastadion. Lange spielte er noch in der zweiten und dritten Liga Brasiliens. Erst im März 2020 beendete er mit 44 Jahren seine Karriere.

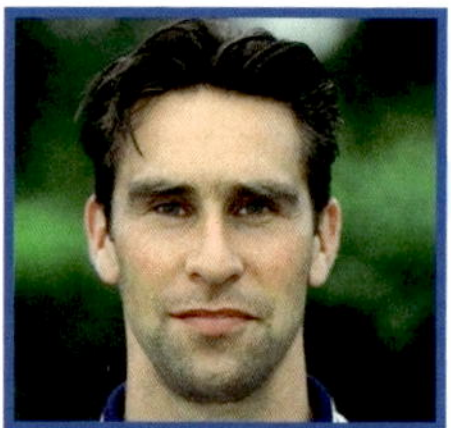

Michael Preetz

Geboren: 17.8.1967
Der ehemalige Torjäger war nach dem Karriereende Assistent der Geschäftsführung und von 2009 bis Januar 2021 Manager und Geschäftsführer Sport bei Hertha BSC.

Ersatzbank

Aha

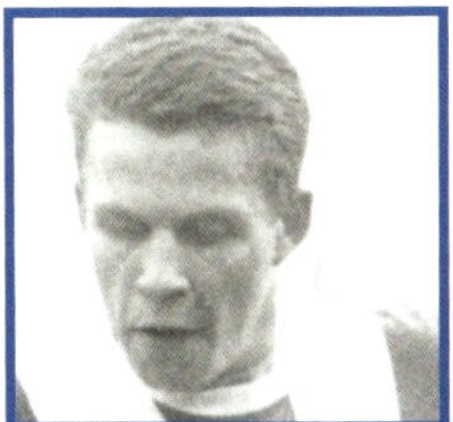

Otto Rehhagel

Geboren: 9.8.1938

Der eisenharte Verteidiger stieg zu einem der erfolgreichsten deutschen Trainer auf, u. a. bei Werder Bremen, Bayern München und beim 1. FC Kaiserslautern. 2004 führte er Griechenland als Nationaltrainer sensationell zum Europameistertitel. 2012 holte ihn Hertha als Retter zurück in die Liga. Den Abstieg nach der unsäglichen Relegation gegen Fortuna Düsseldorf konnte auch er nicht verhindern. Es war seine letzte Station als Trainer.

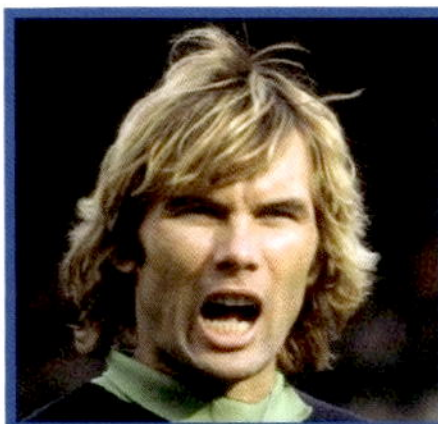

Norbert Nigbur

Geboren: 8.5.1948

Der Torhüter arbeitete später im Immobilienbereich und besaß einen Trabrennstall.

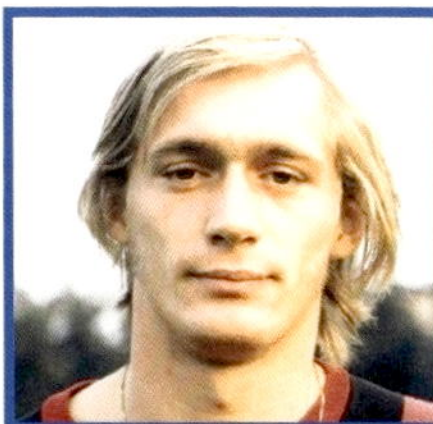

Hans „Hanne" Weiner

Geboren:29.11.1950

Der Verteidiger betrieb zusammen mit seiner Frau Marita das kleine Hotel „Tegeler Hof" und später die bekannte Fußball-Kneipe „Hanne am Zoo" (zuvor „Holst am Zoo"). Die Kneipe musste einem Neubau weichen.

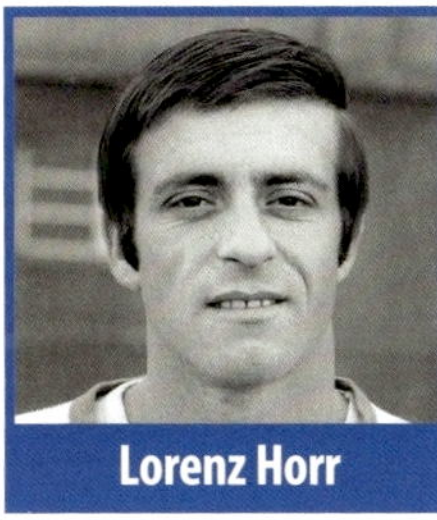

Lorenz Horr

Geboren: 27.9.1942

Der erfolgreiche Torjäger arbeitete später als Bauzeichner und lebt seit vielen Jahren in Alsenborn nahe Kaiserslautern.

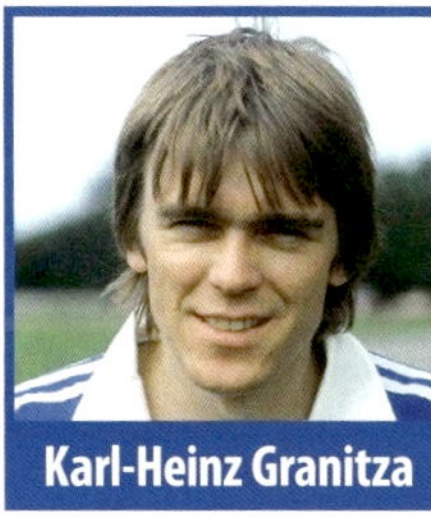

Karl-Heinz Granitza

Geboren: 1.11.1951

Der Angreifer stieg nach dem Abschied von Hertha zu einem der populärsten Spieler der North American Soccer League (NASL) in den USA auf, wo er bei Chicago Sting zum Helden der Massen wurde. Später in Deutschland als Kneipier und Spielerscout, u. a. für Chelsea London, aktiv.

Das Klugscheißer-Quiz für echte Hertha-Experten

1 Welcher Weltmeister von 1974 spielte einst bei Hertha BSC?

A Gerd Müller
B Reiner Bonhof
C Sepp Maier

2 Welcher spätere Hertha-Coach flüchtete als junger Spieler aus der DDR in den Westen?

A Andreas Thom
B Hans Meyer
C Falko Götz

3 Welcher Hertha-Profi war in der Saison 1997/98 nach einem Zusammenprall mit Schalke-Keeper Jens Lehmann für acht Minuten ohne Bewusstsein und musste ins Krankenhaus?

A Michael Preetz
B Axel Kruse
C Eyjólfur Sverrisson

4 Gegen welche Mannschaft unterlagen 1993 die Hertha-Amateure (die Bubis) im Finale des DFB-Pokals?

A Bayer Leverkusen
B SV Werder Bremen
C FC Bayern München

5 Welcher Hertha-Profi ist bislang der jüngste Spieler, der in der Ersten Bundesliga zum Einsatz kam?

A Lennart Hartmann
B Chinedu Ede
C Patrick Ebert

6 Welcher Hertha-Spieler bekam in Berlin den Beinamen „Zaubermaus"?

A Stefan Beinlich
B Yıldıray Baştürk
C Dariusz Wosz

7 Wer erzielte das erste „Tor des Monats" für Hertha BSC?

A Mario Basler
B Erich Beer
C Theo Gries

8 In welcher Saison verzeichnete Hertha den schlechtesten Zuschauerschnitt in der Ersten Bundesliga?

A 1990/91
B 1971/72
C 2003/04

9 Welcher Hertha-Profi wurde nach seiner Karriere zum Präsidenten des Fußballverbandes seines Heimatlandes gewählt?

A Gábor Király
B Lewan Kobiaschwili
C Kjetil Rekdal

10 Für welchen Spieler zahlte Hertha BSC zum ersten Mal eine Ablösesumme von über einer Million D-Mark?

A Alex Alves
B Bernd Gersdorff
C Uwe Rahn

Aha

11 **Welcher Hertha-Präsident war während seiner Amtszeit Chef der Deutschlandhalle?**

A Heinz Warneke
B Wolfgang Holst
C Bernd Schiphorst

12 **Welcher Hertha-Profi verschoss einst in der Ersten Bundesliga vier Elfmeter in Serie?**

A Andrej Woronin
B Marko Pantelić
C Michael Preetz

13 **Wo in Berlin prangt ein riesiges Bild der Brüder Boateng auf einer Brandmauer?**

A Neukölln
B Reinickendorf
C Wedding

14 **Wer stand bei Herthas erstem Geisterspiel in der Geschichte wegen des Corona-Virus im März 2020 als Trainer an der Seitenlinie?**

A Bruno Labbadia
B Pál Dárdai
C Ante Čović

15 **Welcher Weltmeister von 1990 trainierte auch Hertha BSC?**

A Lothar Matthäus
B Thomas Häßler
C Jürgen Klinsmann

16 **Wer war 1996 der erste Aufsichtsratschef von Hertha BSC?**

A Rolf Schmidt-Holtz
B Robert Schwan
C Rupert Scholz

17 **Welcher Hertha-Spieler bekam in Berlin vom Boulevard den Beinamen „Basti Fantasti" verpasst?**

A Sebastian Langkamp
B Sebastian Deisler
C Sebastian Hoeneß

18 **Welcher Hertha-Trainer wurde wegen seines gepflegten Äußeren und seiner gewählten Sprache ehrfürchtig „Sir" genannt?**

A Lucien Favre
B Falko Götz
C Georg Kessler

19 **Welcher Hertha-Spieler wurde einst sogar auf einer Briefmarke verewigt?**

A Horst Wolter
B Marcelinho
C Uwe Kliemann

20 **Aus welchem Land kam der Profi Vithaya Laohakul zur Hertha?**

A Indonesien
B Kambodscha
C Thailand

21 **Gegen welchen Gegner bestritt Hertha BSC am 11. November 1989, nur zwei Tage nach dem Fall der Mauer, das erste Spiel im Olympiastadion, das 1:1 endete?**

A Hessen Kassel

B Wattenscheid 09

C Darmstadt 98

22 **Welcher spätere DFB-Bundestrainer spielte einst für Hertha BSC?**

A Berti Vogts

B Helmut Schön

C Erich Ribbeck

23 **Welcher Profi schoss das 500. Bundesligator für Hertha?**

A Detlev Szymanek

B Karl-Heinz Granitza

C Lorenz Horr

24 **Welcher Spieler aus der Hertha-Jugend-Akademie kam als erster zu einem Bundesligaeinsatz?**

A Thorben Marx

B Malik Fathi

C Benjamin Köhler

25 **Unter welchem Namen fuhr das Hertha-Gründungsschiff viele Jahre auf der Kyritzer Seenplatte bei Wusterhausen/Dosse, 50 Kilometer nördlich von Berlin?**

A Seebär

B Thusnelda

C Seelöwe

26 **Welcher Hertha-Profi stolzierte einst stolz in Stiefeln aus Krokodilleder über den Kurfürstendamm?**

A Alex Alves

B Christian Giménez

C Andrej Woronin

27 **Welcher ehemalige Hertha-Profi stieg 2020 zum Sportdirektor der Hertha auf?**

A Arne Friedrich

B Marko Rehmer

C Maik Franz

28 **Welcher Hertha-Spieler verdingte sich nach seiner Karriere als Akteur beim American Football?**

A Alphonse Tchami

B Axel Kruse

C Andreas Zecke Neuendorf

29 **Welcher Hertha-Profi hat in vier Ligen (Niederlande, England, Frankreich, Bundesliga) jeweils mehr als 20 Treffer erzielt?**

A Salomon Kalou

B Lucas Tousart

C Vedad Ibišević

30 **Welcher Hertha-Stürmer hat sich seinen speziellen Torjubel, den „Pistolero", in seiner Heimat patentieren lassen?**

A Dodi Lukébakio

B Javairô Dilrosun

C Krzysztof Piatek

Quizlösungen

1 = **B** Rainer Bonhof spielte 1982/83 bei Hertha.

2 = **C** Falko Götz

3 = **B** Axel Kruse erlitt eine Gehirnerschütterung.

4 = **A** Bayer Leverkusen siegte 1:0.

5 = **A** Lennart Hartmann war 17 Jahre, 4 Monate und 14 Tage alt.

6 = **C** Dariusz Wosz

7 = **B** Erich Beer / 1974

8 = **A** 1990/91 kamen im Schnitt nur 15.150 Zuschauer.

9 = **B** Lewan Kobiaschwili ist Präsident des Georgischen Fußballverbandes.

10 = **C** Uwe Rahn kostete 1990 1,7 Millionen Mark Ablöse.

11 = **A** Heinz Warneke

12 = **B** Marko Pantelić

13 = **C** Wedding

14 = **A** Bruno Labbadia coachte beim 3:0-Sieg in Hoffenheim.

15 = **C** Jürgen Klinsmann / 2019/20

16 = **A** Bertelsmann-Manager Rolf Schmidt-Holtz

17 = **B** Sebastian Deisler

18 = **C** Georg Kessler

19 = **A** Torwart Horst Wolter

20 = **C** Thailand

21 = **B** Wattenscheid 09 vor 44.000 Zuschauern aus Ost und West

22 = **B** Helmut Schön / 1950/51

23 = **A** Detlev Szymanek / 1976

24 = **C** Benjamin Köhler kam im November 2000 zwei Minuten vor Thorben Marx zu seinem Debüt.

25 = **A** Seebär

26 = **C** Andrej Woronin

27 = **A** Arne Friedrich wurde 2020 Sportdirektor.

28 = **B** Axel Kruse spielte bei den Berlin Thunder.

29 = **A** Salomon Kalou

30 = **C** Krzysztof Piatek

Klugscheißer-Sprüche zu Hertha BSC

„Wer zu Hertha geht, ist entweder geistes- krank, fußballdoof oder völlig pleite."

(Peter Neururer, der 1991 als Hertha-Trainer nach zehn Niederlagen und zwei Remis entlassen wurde)

„Ich habe immer eine tolle Mannschaft auf- gestellt. Das Problem ist nur, nach dem Anpfiff begannen sich die Spieler zu bewegen."

(Pál Csernai, Hertha-Trainer 1990/91)

**„Ich werde nicht bestimmen, ob einer Rührei oder ungarische Salami isst.
Ich habe als Spieler immer Gulasch gefressen und konnte ohne Ende laufen."**

(Pál Dárdai bei seinem Amtsantritt als Hertha-Cheftrainer 2015)

„Ich hab schon immer gesagt, Hertha BSC ist ein schlafender Riese."

(Franz Beckenbauer im April 1997)

„Ick bin Baalina, dit hia is meene Stadt, logo dit ick für Hertha bin."

(unbekannter Taxifahrer)

„Danke an den Klub Hertha BSC im Namen meiner Enkel für die Nichtabstiegs-Prämie."

(Trainer Hans Meyer, nachdem er im Mai 2004 Hertha vor dem Abstieg gerettet hatte)